外資系コンサルの資料作成術

短時間で強烈な説得力を生み出すフレームワーク

森 秀明=著
Shumei Mori

ダイヤモンド社

はじめに

　私は外資系の戦略コンサルティング会社で、15年もの間、自ら率いる部隊のコンサルタントの採用から育成まで手がけてきました。100名を超えるコンサルタントが戦力となり、50名超のマネジャーが育ちました。

　コンサルタントにとって、クライアントに提出する報告書や提案書などの資料作成は、コアスキルの1つです。簡潔にして明快な資料を作成し、それを使って相手を説得する訓練を、コンサルタントは何度も繰り返します。その指導も私の仕事です。

　また、これまで、顧客がコンサル部隊を立ち上げる支援の一環として、200名を超えるビジネスパーソンにコンサルティングのいろはを伝授してきました。そこでも、コンサルティングに不可欠な報告書や提案書の作成スキルを指導し、実践マニュアルも整備しました。

　このような経験から私は、これまで10万ページを超えるビジネス資料に向かい合ってきました。経営コンサルタントとして、1万ページ以上の提案書や報告書、討議資料等を自ら作成しました。ボツになるなどして使わなかった資料はその3倍ほどあります。また、ほかのコンサルタントや顧客が作った資料もレビューしていますので、それだけで数万ページのビジネス資料を眺めたり、書き直したりしています。それらを全部合わせると、優に10万ページを超えるというわけです。

　そんな私から見て、ビジネス資料には、さまざまな問題があります。

- 情報を盛り込みすぎて雑然としている
- 何がいいたいのかはっきりしない
- 見た目はきれいでも話の筋が通っていない
- 資料全体でストーリーがつながっていない……

　こんな資料を使って説明しても、言いたいことは伝わりません。当然、対話が成立するはずもなく、時間だけがムダに過ぎていく……。こうし

た状況で相手を説得することなど、到底できません。

　ビジネスにかかわる資料の作り方は百人百様です。ビジネスのさまざまな可能性を探るという視点で考えるなら、いろいろな作り方があってもいいのかもしれません。しかし、無手勝流だけで、受け取る人のことをまるで考えていないような資料が多く見受けられるのは残念です。

　ビジネス資料を作成する目的は、それを受け取る相手を説得し、何らかのアクションを起こさせ、ビジネスを成功に導くことにあります。その目指す成果からほど遠い資料の作成作業に、膨大な時間が使われているのはいただけません。

　そこで私は、資料作成に1つの「型」を持ち込みました。相手の心に響くように、筋の通ったメッセージを組み立てて、視覚的にもわかりやすく伝える資料を作るためのフレームワークです。それを「ドキュメンテーションキャンバス」と名づけました。

　誤解しないでください。型といっても「思考を型にはめる」「パターンで資料を作る」ためのものではありません。資料作成に取り組むビジネスパーソンの創造性を妨げることなく、生産性を上げるものです。

　この型を身につけるメリットは数多くあります。視覚性と論理性の関係を網羅して整理しているので、ビジネス資料として一定以上の品質が保たれ、メッセージがまるで伝わらない意味不明な資料がなくなります。また、読む人とのコミュニケーションをベースにしているので、内容が的外れになることもありません。さらに、型に沿うことで枝葉末節に気を配る必要がなくなり、作成時間が大幅に短縮されます。そのぶんをビジネスそのものの構想にあてられるわけですから、生産性の観点からいっても大きなメリットになるでしょう。

　本書は6章で構成されています。
　第1章では、「ドキュメンテーションキャンバス」というフレームワークの全体像を提示します。それは、「ビジュアル」「ロジック」「アウトプット」「コミュニケーション」の4つのステップから成っています。

作成する資料のビジュアルを決め、資料にロジックを埋め込み、アウトプットを進化させながら、コミュニケーションで相手の頭と心をとらえるという、資料作成術の「型」がまとめられています。

　第2章以降では、フレームワークのステップを順に説明していきます。第2章と第3章は「ビジュアル」の基礎編と応用編で、論理のパターンと資料のビジュアルの類型を解説します。論理の組み立て方に応じて、資料のビジュアルはおのずと決まってきます。ビジュアルの類型は12しかなく、これを習得すればほとんどのビジネス資料を作成できます。

　著名なコンサルティング会社であるマッキンゼーやBCGが好んで用いるビジュアルの類型も登場します。

　第4章では「ロジック」の本質に迫ります。論理を成立させる「○○がある」（証拠）、「だから□□だ」（主張）、「なぜなら△△だからだ」（保証）の関係性に着目します。この3つの要素を資料に織り込むことが大事です。

　第5章では「アウトプット」作成の手順を解説します。資料作成には実は近道があります。それを、「メモ書き」「チャラ書き」「ホン書き」の3段階と呼んでいます。この手順を経て資料は進化するのです。

　最後の第6章では、「コミュニケーション」に焦点を当てて、相手を説得して納得感を醸成し、相手に行動を促す技を説明しています。

　なお、この本には全部で68のchartが収録されています。その1枚1枚がビジネス資料の例になっています。ですから、パラパラとページをめくりながら眺めているだけでも、資料作成術の「型」に触れることができます。

　資料作成術という「型」を身につけたみなさんが、ビジネス資料を駆使して相手を説得するという目的を達成されることを願っています。

2014年1月30日

森　秀明

contents | 外資系コンサルの資料作成術

はじめに　1

第1章
資料作成のガイドラインなしに、やみくもに仕事を始めてはいけない ……11

section 1
ドキュメンテーションキャンバスとは何か ……12
　　仕事にはガイドラインが必要
　　4つのステップを使いこなす

section 2
資料のカタチを決める【ビジュアルのステップ】 ……16
　　資料のカタチはたった12類型
　　資料のカタチ選びは論理である

section 3
資料の説得力を高める【ロジックのステップ】 ……20
　　証拠と主張と保証の3つの関係が大事
　　「なぜ？」に答えることが保証となる

section 4
資料を進化させる【アウトプットのステップ】 ……23
　　チャラ書きは資料作成の達人の武器
　　メモ書きとチャラ書きがホン書きにつながる

section 5
相手の頭と心を理解する
【コミュニケーションのステップ】 ······ 26

以心伝心していますか？
資料に勝って、相手に負けるな
資料作成は相手とのコミュニケーションそのもの
相手の時間軸で資料を作る

第2章
ビジュアルを論理で裏づけることが重要
（基礎編） ······ 31

section 6
論理のパターンとビジュアルの類型は対応する ······ 32
論理のパターンは6つの論法と2つの組み合わせからできている
論理のパターンとビジュアルの類型の対応図
資料のビジュアルは感性ではなく論理で決まる

section 7
基本中の基本は事実を読み解いて主張を導くこと
【一対一論法】 ······ 38

一対一論法は1つの事実から1つの主張を導く
数値グラフは論を立てやすく、説得力がある［ビジュアルの類型①］
グラフの描き方の基本

section 8
複数の事実や事例を使って説明するときの基本形
【並列論法】 ······ 44

並列論法は2つ以上の事実を使って説得力を高める
異なる例から共通するメッセージを示す［ビジュアルの類型②］
複数の事実を観察し、分析して結果を示す［ビジュアルの類型②］

section **9**
複数の事実を組み合わせてメッセージを導き出す
【結合論法】　……51

結合論法を使って事実の組み合わせから主張を導く
「重要なポイントは3つです」と語る [ビジュアルの類型③]
物事を因数分解して理由を解明する [ビジュアルの類型④]
ピラミッド・ストラクチャーは階層構造の基本 [ビジュアルの類型⑤]

section **10**
風が吹けば桶屋がもうかることを論理的に語る
【連鎖論法】　……60

連鎖論法は事実をつなぎ合わせて物語をつくる
仕事や時間の流れを表す [ビジュアルの類型⑥]
軌道修正を組み入れた連鎖アプローチ [ビジュアルの類型⑦]

> column　資料のマスターレイアウトはけっして動かさない　67

第**3**章
効果的なビジュアルには周到な論理が隠されている（応用編）　……73

section **11**
組織論が好きなマッキンゼーの武器はこれ
【結合論法×連鎖論法】　……74

マッキンゼーのプロセス図
業務プロセス図の描き方 [ビジュアルの類型⑧]
事業展開のスケジュールを1枚で描く [ビジュアルの類型⑧]

section 12
対立する見解Ａと見解Ｂを提示するときはこれを使う 【対立論法】 79

対立論法は２つの相反する見解を示す
２大対立軸を比較する［ビジュアルの類型⑨］
経営者と管理者は大違い［ビジュアルの類型⑨］

section 13
複数の戦略を比べるときの王道はこれ【比較論法】 85

比較論法は複数の選択肢のよしあしを比べる
ビジネスモデルを比較する［ビジュアルの類型⑩］
顧客中心論とポジショニング論とケイパビリティ論をベン図で描く
［ビジュアルの類型⑪］

section 14
戦略ポジショニングが得意なBCGはマトリクスを多用する 【対立論法×比較論法】 91

BCGのマトリクス
イノベーション・マトリクスで製品を分類する［ビジュアルの類型⑫］

第4章
相手を説得するロジックは人類最高の知恵 97

section 15
証拠と主張と保証の密接な関係 98

何々がある、だから何々だ、なぜなら何々だからだ
ロジックを明らかにする３つの質問
ユニークな証拠とユニークな主張のバランス

section 16
多忙な意思決定者は主張だけしか読まない　…… 104
資料の主張だけを読めば物語になっている
アマゾンの成長物語
主張を物語化するためには5W1Hが有効

section 17
資料は部分にも全体にもロジックがある　…… 109
1枚の資料の部分と全体
エグゼクティブサマリーは資料全体のまとめ

`column` 論理はトレーニングで身につく　　113

第5章
資料作成はメモ書き、チャラ書き、ホン書きの3段階で進化する　…… 117

section 18
メモ書き、チャラ書き、ホン書きの例　…… 118
空いている時間にカフェでメモ書き
紙の上に手書きでチャラ書き
パソコンでのホン書きは最後

section 19
資料作成が決まったら資料のカタチを作ってしまう　…… 125
最初に空パッケージを作ろう
ひとかたまりの資料は15ページ
チャラ書きは何度でも容易に書き直せる

section 20
対話の時間、思考の時間、資料作成の時間を
バランスさせる 131
1週間の時間配分
1枚の資料のホン書きは30分
成果につながる情報量と思考量のパターン

第6章
コミュニケーションとは
相手の変化に寄り添うこと 137

section 21
ビジネスに求められる意思決定の品質とスピード 138
不確実性の時代が到来した
「やってみなはれ」と「軌道修正」
意思決定者のニーズは時々刻々と変化する

section 22
資料作成の流れは変わった 141
これまでの資料作成方法
いま求められている資料作成術
インプットがアウトプットの出来を決める

section 23
資料作成の出発点と着地点の誤解を解消する 145
出発点の誤解
着地点の誤解

section 24
コミュニケーションは資料の枚数ではない　……149
- 資料1枚でも対話する勇気が必要
- 資料0枚でコミュニケーションする技
- コミュニケーションを重ねればホン書きができあがる

column 既存の要素の新しい組み合わせからアイデアは生まれる　155

第 1 章

資料作成のガイドラインなしに、やみくもに仕事を始めてはいけない

「型破りとは稽古して型のある人がやるから型破り。
型のない人がやったら、ただの型無しというのだ」

（歌舞伎役者 18代目 中村勘三郎）

section 1　ドキュメンテーションキャンバスとは何か

仕事にはガイドラインが必要

　1週間後に、資料に基づいた説明を行える機会がめぐってきました。顧客への提案の機会でもよいですし、会社の上役への企画の説明でもよいでしょう。こんなとき、どのように資料を作りますか？

　まずはやみくもに資料を作成しはじめる？　それでは成功はおぼつかないでしょう（資料作成のベテラン選手なら自分流のやり方をすでに体得しているかもしれませんが）。資料作成に苦手意識を感じているとしたら、突然やってくるチャンスに備えて、まずは資料作成の手法を身につけ、自分なりのガイドラインを持っておくことが大事です。

　本書の主題はビジネスにかかわる資料の作成術です。ここでいう資料の作成術とは、相手の心に響くように、筋の通ったメッセージを組み立てて、視覚的にもわかりやすく伝える方法のことです。このような資料の作成術を身につけることによって、仕事が首尾よく進み、成功することを目的としています。

　このような資料の作成術をみなさんにお伝えするには、そのノウハウを何らかの形で体系化することが求められます。chart1の「ドキュメンテーションキャンバス」（p.14）をご覧ください。これは、ビジネス資料を作成するときに私が使っているノウハウを、わかりやすく表現したものです。私が経営コンサルティング会社で学んできたこと、そこで

若手を育成するために教えてきたこと、また顧客のプロジェクトの現場で実践してきたことなど、さまざまな経験に基づく資料の作成術を図解したものです。

　ドキュメンテーションキャンバスは、みなさんの資料作成のガイドラインになります。資料作成の必要性を感じたときから、実際に資料を作成しているとき、そしてその資料を相手に説明するときまで、資料作成をサポートしてくれます。資料の作成依頼者であり、意思決定者でもある相手の心を動かし、相手にアクションをとってもらうためのノウハウが凝縮されています。

4つのステップを使いこなす

　ビジネスにかかわる資料の作成術に求められる要件は4つあります。それは、

- 資料の表現が一目でわかりやすいこと　　【ビジュアルのステップ】
- 筋の通ったメッセージがはっきりしていること
【ロジックのステップ】
- 資料を作り上げる手順が実践的であること
【アウトプットのステップ】
- そして、相手の関心事に沿った内容であること
【コミュニケーションのステップ】

です。

　chart1に描かれているとおり、ドキュメンテーションキャンバスは「ビジュアル」「ロジック」「アウトプット」「コミュニケーション」という4つのステップから構成されています。これらは、それぞれ資料作成術の4つの要件に対応します。

「ビジュアルのステップ」では、わかりやすい資料の表現方法を発見できます。

「ロジックのステップ」では、論理的で首尾一貫したメッセージの組み立て方を身につけることができます。

「アウトプットのステップ」では、メモ書き／チャラ書き／ホン書きという資料作成の進化テクニックを習慣づけることを目指します。

そして「コミュニケーションのステップ」は、資料を提出する相手の意向をくみ取り、相手と共感できる土壌をつくり上げていくプロセスを資料作成に生かす手法です。

chart 1　ドキュメンテーションキャンバス

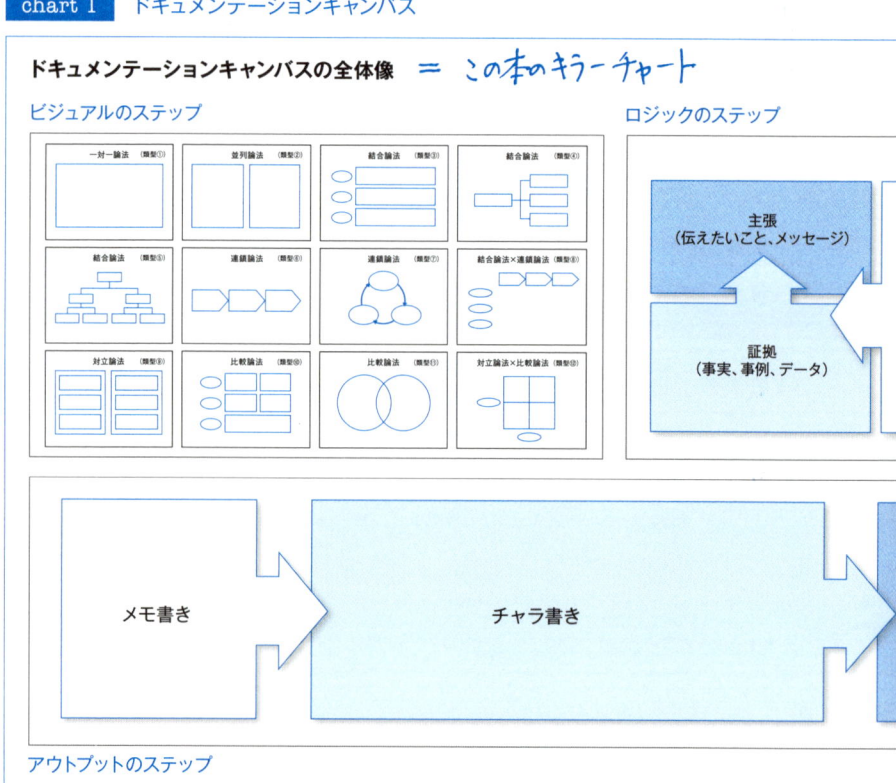

ドキュメンテーションキャンバスでは、ビジネスにかかわる資料作成術の４つの要件を満たすために、４つのステップが相互に関連して機能します。たとえば、ロジックはビジュアルの中に埋め込まれます。相手とのコミュニケーションを通じて、時間の経過とともにアウトプットは変化し、進化します。また、ビジュアルはアウトプットの手順に従ってまとめ上げられていきます。ビジュアル、ロジック、アウトプットとコミュニケーションの４つのステップを習得すれば、みなさんのビジネスに役立つ資料を作成することができるのです。
　第１章では、このシンプルな４つのステップを順に紹介していきます。

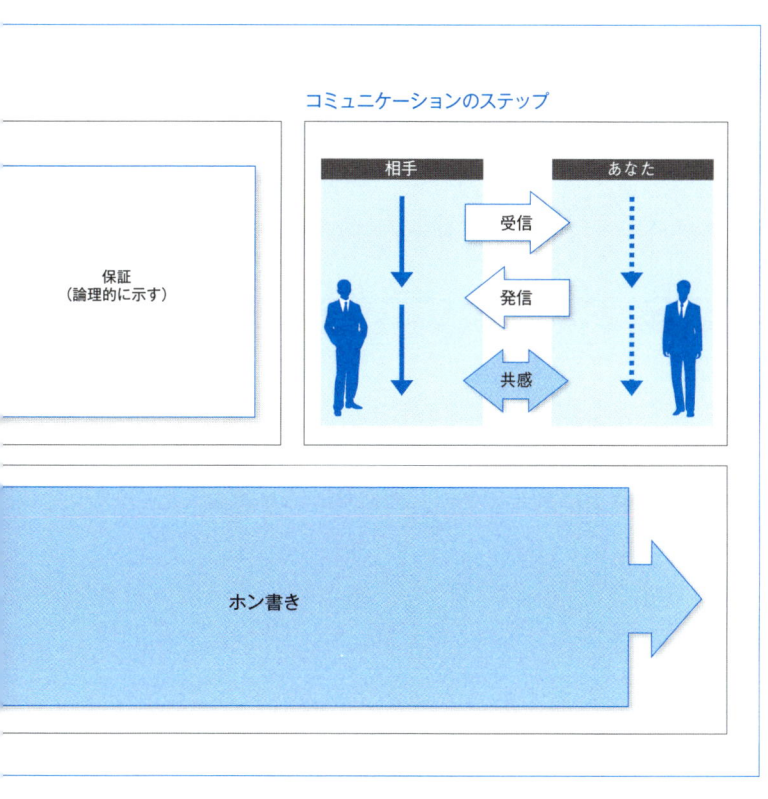

section 2 資料のカタチを決める
【ビジュアルのステップ】

資料のカタチはたった12類型

　私はこれまで、経営コンサルタントとして100以上のプロジェクトを実施し、冒頭にも書いたように1万ページ以上の提案書や討議資料、報告書の類いを作成してきました。さらに、ボツになって使わなかった資料はその3倍の3万ページ、また、他のコンサルタントが作成した資料や顧客が作った資料もレビューし、数万ページのビジネス資料を目にしたはずです。これらを合わせると、これまで手にしたビジネス資料は10万ページ以上になります。

　そんなあるとき、落ち着いた場所で、ふっとビジネス資料のカタチが思い浮かびました。よくできたビジネス資料を分類してみると、どうやら12の類型に分けられることに気づいたのです。

　ビジュアルのステップでは、ビジネス資料の12類型を紹介します。10万ページのビジネス資料に接してきた私の経験からすれば、この12類型を習得すれば、ほとんどすべてのビジネス資料を作成できることになります。

　chart2はその12類型のカタチをイメージ的に示しています。左上から順に見ていきましょう。

　左上のビジュアルの類型①は、資料の中に1つのまとまった内容が記述されています。右に行って類型②は、2つの内容のかたまりが表示さ

chart 2　ビジュアルのステップ

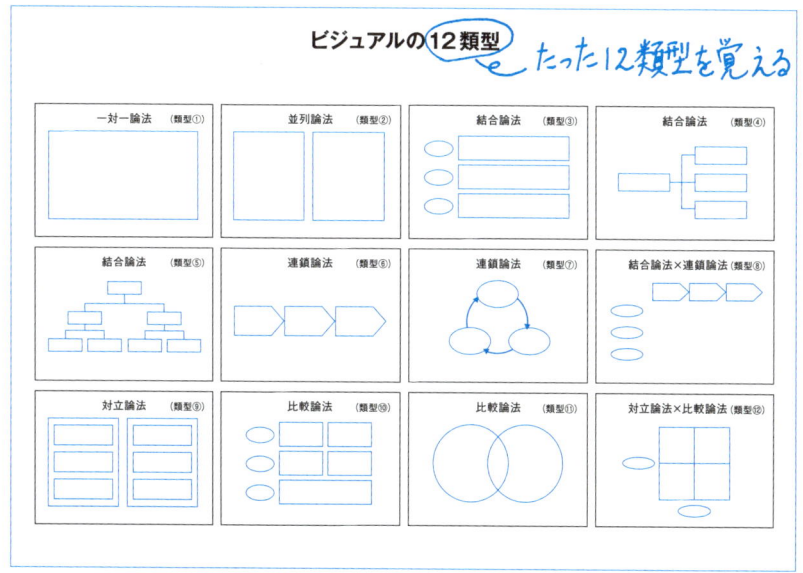

れています。類型③は3つの内容が上段、中段、下段に描かれています。類型④は左側の1つの要素が右側の3つの要素に分解されている、あるいは右側の3つの要素をまとめ上げると左側の1つの要素になることが示されています。

　中央左の類型⑤は、上から下に向かって1つの要素が段々と分解されている構造が描かれています。右に行って類型⑥は、左から右に向かって、順序よくいくつかの内容が連なっています。類型⑦は複数の要素が円周上に並ぶように連結されています。類型⑧は、左から右に向かっていくつかの内容が連なり、さらにそれぞれの内容が複数の要素によって述べられています。

　下の段の左の類型⑨は、左と右に2つの要素が対比されるように表現されています。類型⑩は3つの要素に分類されて、それぞれ共通する部分、異なる部分が描かれています。類型⑪はいわゆるベン図で、2つの

資料作成のガイドラインなしに、やみくもに仕事を始めてはいけない｜第1章　17

円が重なっている部分と重なっていない部分があることが表現されています。最後の類型⑫はいわゆるマトリクスで、2×2の要素が図の中に表現されています。

　ビジネスに使える資料の類型はこれだけです。わずか12しかありません。ここではこの12類型の資料のカタチについて、大まかなイメージをつかんでおいてください。それぞれの類型については、第2章と第3章で詳しく説明していきます。

資料のカタチ選びは論理である

　いま説明したビジネスにかかわる資料の12類型は、実は論理学という学問の考えにも基づいています。相手を説得する技、議論の際の論の組み立て方は、人類の長年に及ぶ英知の結晶です。これは一対一論法、並列論法、結合論法、連鎖論法、対立論法、比較論法という6つの基本的な論法から成り立っています。ビジュアルの12類型はこの論法に対応しています。

　一対一論法はビジュアルの類型①に対応します。並列論法は類型②のカタチになります。結合論法は類型③、類型④と類型⑤です。連鎖論法は類型⑥と類型⑦が相当します。

　ビジュアルの類型⑧は結合論法と連鎖論法の組み合わせです。対立論法は類型⑨で、比較論法は類型⑩と類型⑪に対応します。最後に、類型⑫は対立論法と比較論法の組み合わせです。

　このようにして私の経験から出てきたノウハウと、人類が築き上げてきた法則とを結びつけることができました。

　ビジネスにかかわる資料のカタチとその論理の組み立て方は、密接にかかわっているのです。資料の大枠のカタチを見れば、どのような論理に基づいているかがわかります。その逆に、相手を説得できる論理の組み立て方が見えてくれば、おのずと作るべき資料のカタチが決まってき

ます。資料のカタチは論理を形成しています。ですから、資料のビジュアルは論理で選択することができるのです。

　このビジュアルの12類型に従えば、主張がはっきりし、筋の通った、簡潔でわかりやすい資料を作成できます。逆にいえば、スッキリしない、妙に複雑なカタチの資料は、論理の道筋がはっきりしておらず、まとまりがない、理解しにくい資料ということになります。

　ここではそれぞれのビジュアルの類型と、論理の組み立て方が結びついていることを理解しておいてください。詳しくは第2章と第3章で説明します。

section 3 資料の説得力を高める
【ロジックのステップ】

証拠と主張と保証の3つの関係が大事

「赤信号みんなで渡れば怖くない」というギャグをご存じでしょうか。北野武さんがツービートという漫才コンビを結成していたときに流行させたギャグです。これを少しだけ論理的に考えてみましょう。

このギャグの中には、「信号機は赤だ」という事実があります。それにもかかわらず、「道路を横断しよう」と主張しています。そう主張する根拠として、信号は赤であっても「みんなで渡れば怖くないのだ」という論理的な背景があります。chart3のロジックのステップに当てはめてみれば、「信号機は赤だ」が証拠です。いうまでもなく、「道路を横断しよう」が主張です。そして、この主張の論を支える保証は、「みんなで渡れば怖くないのだ」に相当します。

世の中の常識では、「信号機が赤である」状況では、「道路を横断してはいけない」と教えられます。なぜかといえば、「赤信号は止まれを意味する」という世間一般のルールがあるからです。chart3に従えば、証拠は「信号機が赤である」で、主張は「道路を横断してはいけない」です。そして「赤信号は止まれを意味する」という社会のルールが保証にあたります。

北野武さんのギャグの面白さは、「信号機は赤だ」という証拠がありながら、世の中の常識とは正反対の主張をしているところにあります。

chart 3　ロジックのステップ

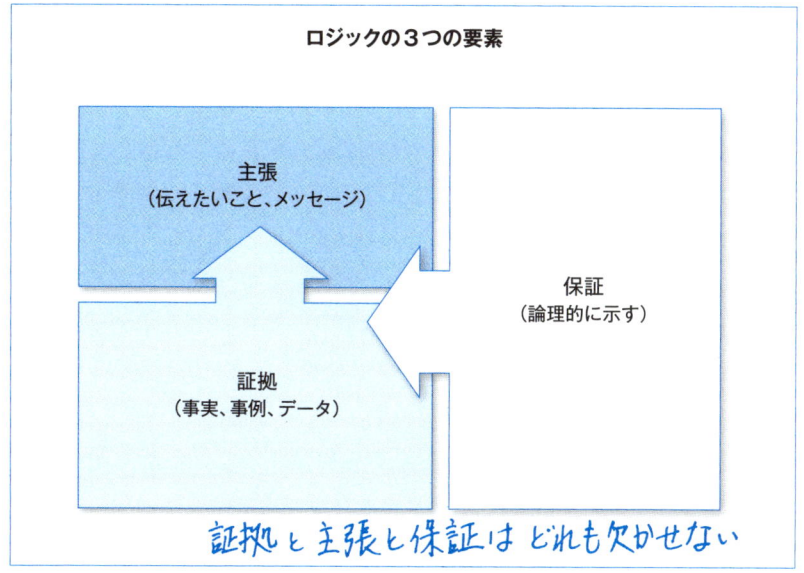

「信号機は赤である」という証拠は共通です。これに対して、北野武さんは「道路を横断しよう」と主張し、世の中の常識的な人は「道路を横断するな」と主張します。このように主張が分かれる理由は、証拠と主張をつなぐ保証に違いがあるからです。保証として「みんなで渡れば怖くないのだ」という論理を持ち出すのか、「赤信号は止まれを意味する」という論理に立って説明するのか、という違いがあるのです。

　ここで強調したいことは、同じ証拠から異なる主張が導かれている点です。保証としてどのような論理や理屈を使うかによって、導かれる主張が異なってくるのです。したがって、ビジネス資料を作成するとき、証拠と主張だけでは不十分なのです。証拠と主張に加えて保証が必要です。ビジネスにおいて論理を展開するときには、構成要素として証拠と主張と保証の３つが求められるのです。

「なぜ?」に答えることが保証となる

　「トヨタ生産方式」について聞いたことがあるかと思います。トヨタ生産方式を実践している現場では、「なぜ?」を5回繰り返して原因を究明し、改善策を定着させていきます。みなさんも何かの説明をするとき、「なぜなの?」「どうしてですか?」と問われたことがあるのではないでしょうか？　chart3が示すとおり、この「なぜ?」が証拠と主張をつなぐ保証に相当するのです。ビジネス資料でも保証が大事です。

　chart3のロジックのステップを言葉で説明すると、「○○という事実がある」（証拠）、「それゆえ△△である」（主張）、「なぜなら□□だからである」（保証）となります。このように展開することが基本的な論理の組み立て方です。したがって、みなさんが作成する資料の中にも、証拠と主張、保証の3つを盛り込まなくてはなりません。

　先ほどの「赤信号みんなで渡れば怖くない」というギャグの例では、なぜだろう？　どうして赤信号なのに渡ろうというのだろう？　というような疑問を持ちます。このように相手に関心を抱いてもらえるような論理の組み立て方は優れています。「なぜ?」と質問され、資料の内容が掘り下げられていきます。相手に関心を持ってもらい、理解を深めていくきっかけが得られるからです。

　ビジネス資料では、まず、(1)相手に納得してほしいこと、決めてほしいこと、アクションをとってほしいことを主張として記述します。そして、(2)その主張はみなさんが集めたり分析したりした証拠をもとにして語られます。事実やデータ、事例などが証拠に該当します。さらに、(3)みなさんの主張はそれらの証拠によって十分に論証されていることを示す必要があります。この役割を担うのが保証です。証拠と主張と保証、この3つの要素を1枚の資料の中でわかりやすく表現することが必要なのです。

section 4　資料を進化させる
【アウトプットのステップ】

チャラ書きは資料作成の達人の武器

　みなさんは「チャラ書き」という言葉をご存じですか。
　ある顧客の報告会でのことです。私はパソコンの資料作成ソフトで作った資料の中に数枚、手書きの資料を入れ込みました。顧客の現場での生々しい議論の様子を伝えるために、顧客とともに議論しながらホワイトボード上に書いたものを手書き資料にしたのでした。そしてこの手書き資料のことを「ドラフトですが」と説明しました。するとある方が、「岡山弁ではこういう走り書きのことをチャラ書きというんだ」と教えてくれました。
　「資料を作るときにいきなりパソコンに向かって本書きをしてはいけません。下書きをしてから本書きをしましょう」とよくいわれます。ところが、資料作成の達人たちをよく観察してみると、資料作成の手続きはもっと実践的です。達人は何度もチャラ書きを繰り返し、納得してはじめてホン書きに取りかかるのです。ですから、ホン書きの前のチャラ書きに時間も労力もかけていることになります。
　ではなぜチャラ書きが大事なのでしょうか？　チャラ書きは書き直しや追加、修正を気軽に行えるからです。丁寧にホン書きをして仕上げた資料は、書き直しのハードルが一挙に高くなります。心の中でも書き直したくない動機が高まります。ですから、書き直しが必要なときに素早

く書き直しができることが大切で、チャラ書きがこの役割を担っているのです。

メモ書きとチャラ書きがホン書きにつながる

　chart4が示すように、資料作成の達人はメモ書き、チャラ書き、ホン書きの３つの手順を踏んで資料を作成しています。

　メモ書きは、ふと思いついたことをメモ帳や手帳などに記すことです。たとえばカフェで考えごとをしながらコースターの裏に雑記する、あるいは電車の中でふと思いついたことを手帳に書き留める、などはメモ書きに相当します。

　チャラ書きとは、先ほど説明したようにドラフトや走り書きのことで

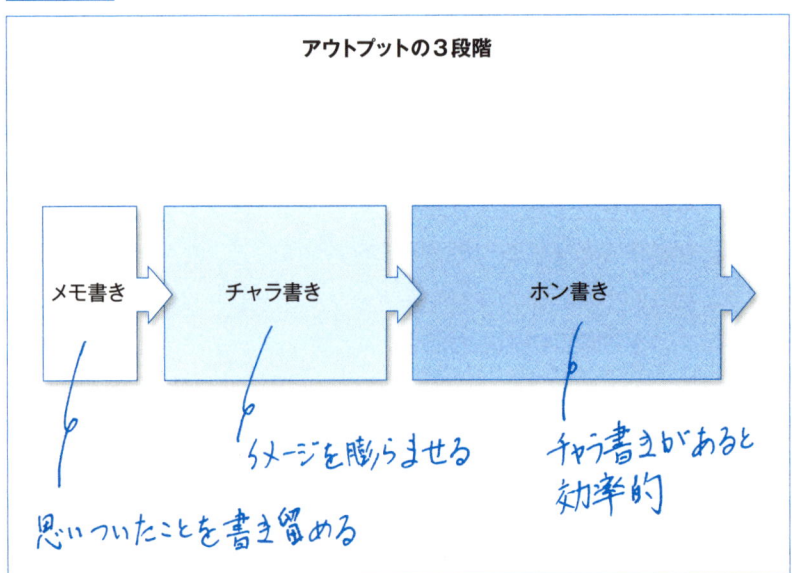

chart 4　アウトプットのステップ

す。顧客と議論をしながらホワイトボード上にキーワードや要点、チャートなどを書くことはチャラ書きの1つです。あるいは机の上に白い紙を広げ、そこに頭の中のイメージを描き上げていくこともチャラ書きです。メモ書きで考えたアイデアをホン書きにつなげるためには、チャラ書きというステップが必要になります。

　そしてホン書きは、まさしく相手に見せるための資料を作ることです。パソコンに向かい、文書作成ソフトやグラフ作成ソフト、あるいはイメージ編集ソフトなどを使って資料を仕上げていく最後のステップです。

　このように、メモ書き、チャラ書き、ホン書きの3つの手順を身につけることが、実は資料作成の達人への近道なのです。

section 5 相手の頭と心を理解する
【コミュニケーションのステップ】

▎以心伝心していますか？

　広辞苑によれば、以心伝心とは「言葉を使わなくても心と心で意思の疎通ができる様子」のことをいいます。ここでは、みなさんと相手（資料作成依頼者、意思決定者）との間に以心伝心の状況をつくり出すための、コミュニケーションについて解説します。

　長時間かけて苦労の末に、わかりやすいビジュアル表現を使い、不整合や破綻のないロジックで固めた、自己評価100点満点のアウトプットができたとします。しかし肝心なことは、その資料を相手がどのように受け止めてくれるかです。これがコミュニケーションの要になります。

　相手が関心を示してくれなければ、それまでの苦労は水泡に帰してしまいます。この意味で、ビジュアル、ロジックとアウトプットは、ビジネスにかかわる資料作成の必要条件にすぎません。コミュニケーションこそが最大の関門であり、資料作成の目的を達成するための十分条件なのです。

　ですから、資料を使って言葉で説明する以前の段階で、相手と以心伝心できることが、コミュニケーションのステップの目標になります。作成した資料を説明する前のコミュニケーションが大事になってくるのです。ここをおろそかにしないことが、ビジネスにかかわる資料作成術の肝です。

資料に勝って、相手に負けるな

　作成した資料は完璧なはずなのに、相手の反応が予想外に鈍かった、という経験をしたことはありませんか。15年ほど前に、ある通信会社の案件でプロジェクト・マネジャーを務めたときのことです。法人市場での新たな市場機会を精査し、その計画を展開するというプロジェクトでした。上司であるパートナーのレビューを終え、最終報告会の数日前にはプレゼンテーションの資料もできあがりました。ここまでは申し分ありません。

　そうして迎えた最終報告当日、報告会の場にキーパーソンである取締役部長の姿はなく、その下の担当部長だけが出席しました。資料の説明はつつがなく終了し、何の質問も出ないまま報告会は終了。ところが、結果は最悪でした。実は、私たちの最終報告を待たずに、先方の社内ではその案件の取りやめが決められていたのです。そのことを私もパートナーも、他のメンバーもまったく察知できていませんでした。ビジュアルとロジックが満点でアウトプットの作成には成功しましたが、意思決定者である相手とのコミュニケーションでは失敗したのです。

　この例からもわかるように、ビジネスにかかわる資料作成を成功させるためには、相手とのコミュニケーションを常に心がけることが何よりも大事なのです。

資料作成は相手とのコミュニケーションそのもの

　ビジネスにおけるあらゆる資料作成は、コミュニケーションが成立してはじめて意味を持ちます。誤解を恐れずにいえば、みなさんが作成する資料は、相手とのコミュニケーションを促進するための仲介物にすぎないのです。

もう1つ例を挙げましょう。10年ほど前、ある建設関連会社の依頼で提案書を作成しました。その会社は業界で3本の指に入るために事業を再構築したいと考えていました。事前の依頼内容とヒアリングをもとに提案書を作成しました。説明のためにその会社を訪れると、営業担当取締役であるキーパーソンが会うなり、プロジェクトでやり遂げたいことを説明しはじめたのです。ほどなく、その内容が事前の依頼内容とは大きく異なっていることがわかりました。用意した提案書が的外れであることは容易に判断できます。

　さてそのとき、みなさんならどうしますか。提案書を持ち帰り、新たな提案書を作成して出直しますか。それともその場にとどまって、持参した提案書を説明しますか。

　そのとき私は、持ってきた提案書をそのまま相手に渡しました。そしてその中で使えそうな数枚だけを用いて説明を行いました。その際に、先ほど聞いたばかりのキーパーソンの話を整理し、意を十分にくんで説明しました。運よくその案件は受注することができました。

　この例が示すように、準備した資料をそのまま使ってコミュニケーションを行う必要はまったくありません。その場の相手の状況に応じて、相手が乗りやすいコミュニケーションをすればよいのです。先ほどの例のように、せっかく準備した資料がまったく役に立たないこともあります。そうした事態を極力避けるためにも、コミュニケーションのステップは必要なのです。

相手の時間軸で資料を作る

　相手とのコミュニケーションのカギは時間軸です。資料を作成するみなさんにも、相手の意思決定者にも、同じだけの時間が流れています。ただし、流れる時間の意味合いが異なります。みなさんにとっては静的な時間であり、相手にとっては動的な時間といえばよいでしょうか。

資料作成者は、たっぷり時間をかけて優れた資料を作成しようと努力します。当然ながら、途中で資料の内容が変更されることは望みません。相手のニーズの変化や状況の変化を回避したいと願うゆえに、資料作成者の時間は静的に流れるのです。

これに対して、意思決定者の時間は動的に流れます。先の通信会社の例のように、社内会議で事業案件が取りやめになるというのは極端かもしれませんが、ビジネスの現場において状況は常に変化するものです。

顧客のニーズがよくつかめてきたので軌道修正する、協業相手との話し合いから提案内容の落としどころが変わってくる、収益のあり方を変えてビジネスモデルを見直す、といった変化は日常茶飯事です。事業の成功に向けて真剣に取り組むほど、計画の修正は必要になってきます。その結果、準備する資料の内容も当然変わってきます。

コミュニケーションのステップでは、時間軸に沿って相手の心の移り

| chart 5 | コミュニケーションのステップ

コミュニケーションは共感と信頼関係

相手　　　　　　　　　　あなた

受信　→
←　発信
共感

相手の頭と心がわかるまで

変わりを捉えていきます。ビジネスの成果を追い求める意思決定者のニーズは千変万化で、みなさんが資料を作成している間にも相手が求める内容は時々刻々と変わっていくのです。

　chart5に示すように、未完成の資料を相手にぶつけて、相手の反応を感じ取ってください。それを繰り返せばおのずと相手との間に共感が生まれ、相手を説得できる土壌が整います。このようにビジネスにかかわる資料作成は、みなさんと相手の対話から生まれる共同作業の賜物なのです。

　ビジネス資料を作成するとき、相手とのコミュニケーションの出来が成否を決めます。ビジュアル、ロジックとアウトプットの努力をムダにしないためにも、コミュニケーションの術を身につけてください。コミュニケーションのステップについては、第6章でより深く解説します。

第  章

ビジュアルを論理で裏づけることが重要
（基礎編）

"Simplicity is the ultimate sophistication."

（レオナルド・ダ・ヴィンチ）

section 6 論理のパターンとビジュアルの類型は対応する

論理のパターンは6つの論法と2つの組み合わせからできている

　討論で主張したり、自説を展開したり、論理的な文章を書いたりするときの論理のパターンは、6つしかありません。chart6 には、本書で

chart 6　論理のパターン

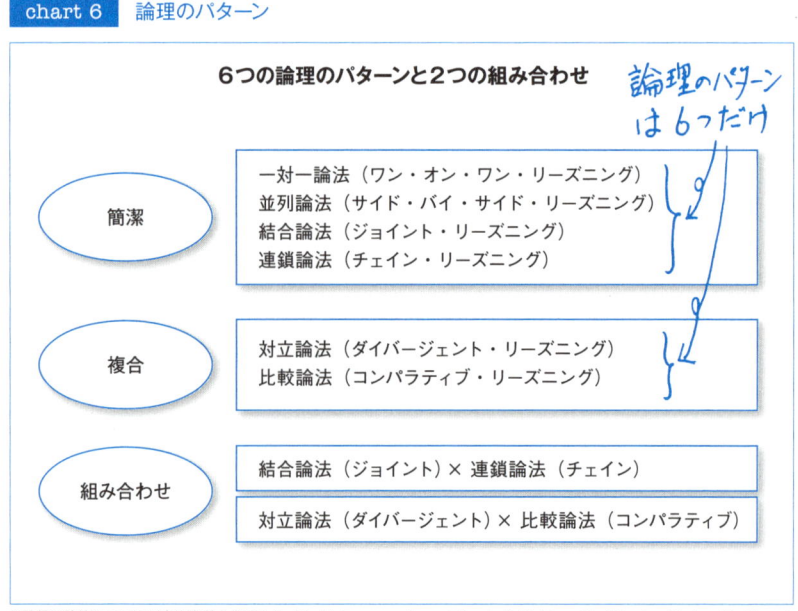

6種類の論法については次の文献を参照した。Machi, Lawrence A., and Brenda T. McEvoy, *The Literature Review: Six Steps to Success*, Corwin Press, 2009.

取り上げる論理のパターンを一覧にしてあります。

　基本的な論法としては、一対一論法、並列論法、結合論法、連鎖論法の4つがあります。そしてやや複雑な複合的論法として、対立論法と比較論法があります。

　さらに、これらを組み合わせることによって新たに組み合わせ論法ができます。1つは結合論法と連鎖論法の組み合わせ、もう1つは対立論法と比較論法の組み合わせです。

　論理のパターンは、この6つの基本的な論法に基づいています。これは、ビジネスだけでなく、学術の世界でも同じです。ビジネスのニーズに対応するために、6つの基本的な論法に加えて、結合論法と連鎖論法、対立論法と比較論法を組み合わせた論法を追加してあります。これらを使えば、ほとんどのビジネス資料を論理的に作成できます。

論理のパターンとビジュアルの類型の対応図

　第1章chart2（p.17）のビジュアルのステップでは、ビジネス資料にかかわるビジュアルの類型が12しかないことを示しました。この12類型はそれぞれ、先ほどの論理のパターンと結びついています。

　chart7は論理のパターンとビジュアルの類型の対応を図解したものです。一対一論法はビジュアルの類型①に相当します。並列論法は類型②に、結合論法は類型③、類型④、類型⑤に対応しています。

　そして連鎖論法は類型⑥、類型⑦のカタチをとり、結合論法と連鎖論法の組み合わせは類型⑧で示されます。さらに対立論法は類型⑨、比較論法は類型⑩と類型⑪、対立論法と比較論法の組み合わせは類型⑫に相当します。

　ここで大事なことは、論理の組み立てと資料のカタチが対応していることです。すなわち、資料を説明するときのロジックが決まれば、それに適した資料のカタチもわかるのです。逆にいうと、資料のカタチを見

chart 7　論理のパターンとビジュアルの類型の対応図

論理のパターンと対応するビジュアルの類型

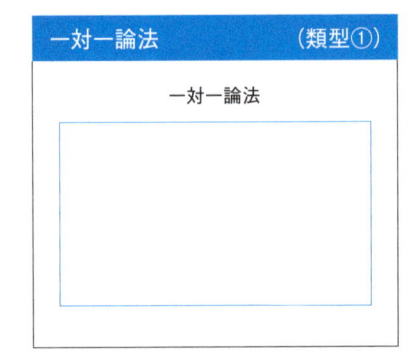

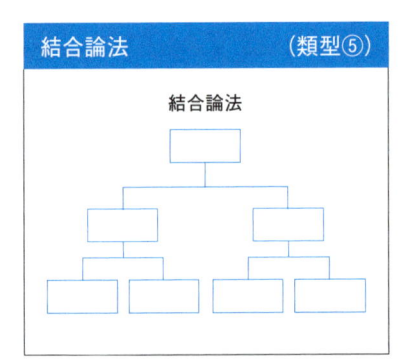

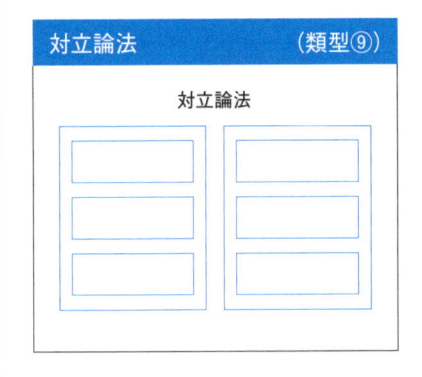

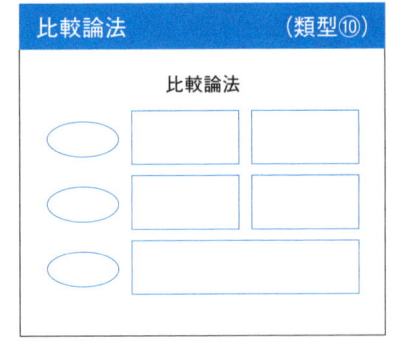

一対一論法 （類型①）	並列論法 （類型②）
一対一論法	並列論法

結合論法 （類型⑤）	連鎖論法 （類型⑥）
結合論法	連鎖論法

対立論法 （類型⑨）	比較論法 （類型⑩）
対立論法	比較論法

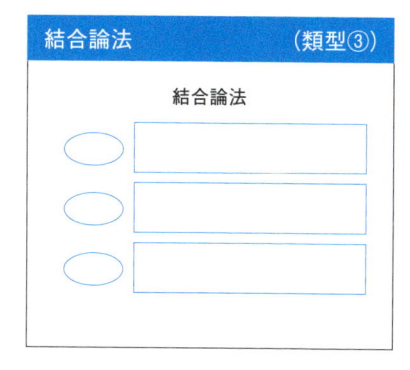

結合論法 （類型③）	結合論法 （類型④)
結合論法	 結合論法

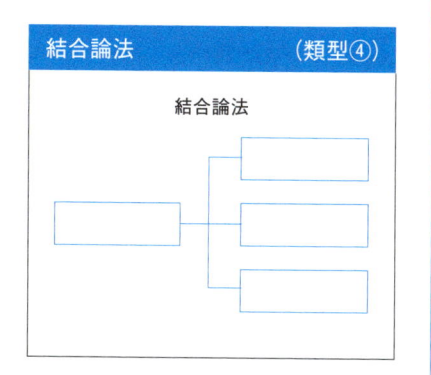

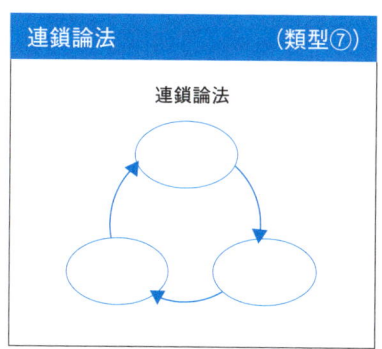

連鎖論法 （類型⑦）	結合論法×連鎖論法 （類型⑧）
連鎖論法	結合論法×連鎖論法

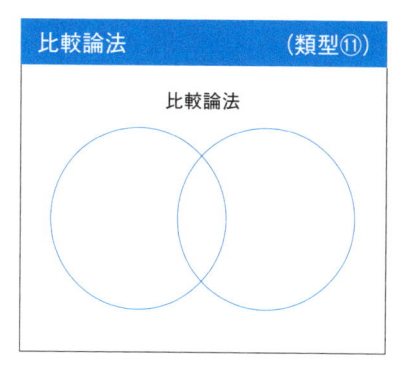 比較論法 （類型⑪）	対立論法×比較論法 （類型⑫）
比較論法	 対立論法×比較論法

ビジュアルを論理で裏づけることが重要（基礎編） | 第2章

れば、その作成者が考えている論理がわかるわけです。したがってここでは、論理のパターンとビジュアルの類型を組み合わせて理解することが大切になります。

ビジュアルの12類型を1つ1つ丁寧に見ながら、そのカタチを記憶に留めます。そして、それぞれの資料のカタチが生まれてくる背景には、論理のパターン、論理的な資料の作り方があって、1つ1つの資料のビジュアルと論法が対応していると記憶してください。

資料のビジュアルは感性ではなく論理で決まる

アップルの〈iPhone〉を美しいとは思いませんか。しかも、使い勝手が優れていることこの上ありません。見た目の美しさと、操作性のよさが両立しているのです。

ビジネスにかかわる資料にも〈iPhone〉と同じことがいえます。すなわち、資料の美しさとその内容の優秀さはおおむね比例しています。資料作成の達人にいわせれば、「美しい資料はすばらしい。論理も明快でわかりやすい」ということになります。

資料のビジュアル化というと、なんとなく芸術的センスや感性が必要だと思われがちです。しかし、それは正しくありません。資料のビジュアルを規定しているのは、その背後にある論理パターンだからです。

先述したように、資料のカタチとその資料を組み立てる論理パターンとは対応しています。論理の組み立て方を表現する最適な資料のカタチは決まっているのです。

したがって、資料のビジュアルの背後にある論理や論法を理解することこそが大切なのです。その意味で、ビジュアルの優れたわかりやすい資料を作れる人、資料づくりのうまい人というのは、すべからく論理的な人ということになります。

訓練や経験によって論理力が高まれば、資料の作り方も上達します。

ビジュアルの12類型のうちどのビジュアルを使えばよいかは、論理から選択できるのです。
　以下で、順にその選び方を説明していきましょう。

section 7 基本中の基本は事実を読み解いて主張を導くこと【一対一論法】

一対一論法は1つの事実から1つの主張を導く

　一対一論法はもっとも基礎的な論理のパターンです。ある1つの論拠が、十分な説得力を持って1つの結論を導き出します。chart8の図式

---

chart 8　一対一論法

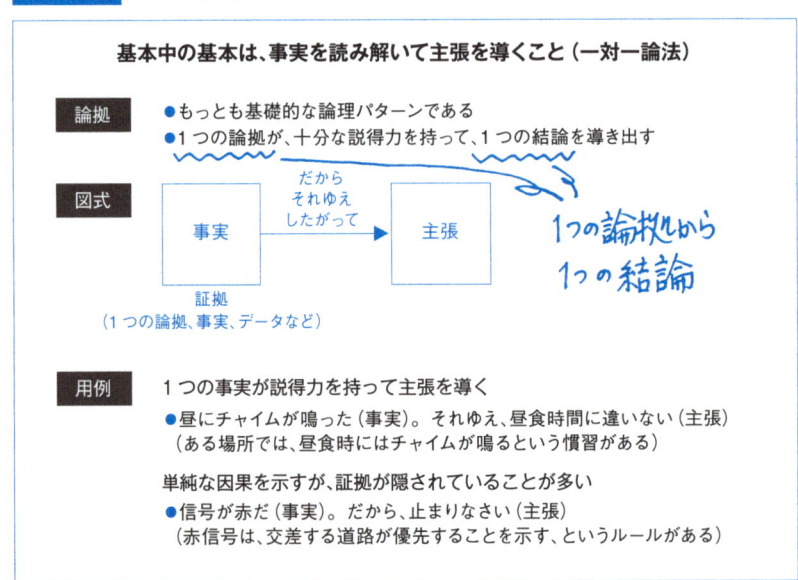

基本中の基本は、事実を読み解いて主張を導くこと（一対一論法）

論拠
- もっとも基礎的な論理パターンである
- 1つの論拠が、十分な説得力を持って、1つの結論を導き出す

図式

事実 →（だから／それゆえ／したがって）→ 主張

証拠
（1つの論拠、事実、データなど）

※1つの論拠から1つの結論

用例　1つの事実が説得力を持って主張を導く
- 昼にチャイムが鳴った（事実）。それゆえ、昼食時間に違いない（主張）
  （ある場所では、昼食時にはチャイムが鳴るという慣習がある）

単純な因果を示すが、証拠が隠されていることが多い
- 信号が赤だ（事実）。だから、止まりなさい（主張）
  （赤信号は、交差する道路が優先することを示す、というルールがある）

に示すように、ある1つの事実や事例、データなどがあるとき、それを証拠として、「だから」「それゆえ」「したがって」という接続詞と結びついて1つの主張を展開するのです。

用例を見てください。「昼にチャイムが鳴った」という事実があります。「それゆえ、昼食時間に違いない」という主張につながります。ここでは、「昼食時を知らせるチャイムが鳴る」という慣習があるからなのです。

また別の例では、「信号が赤だ」という事実があるとき、「だから、止まりなさい」と主張します。この場合、「赤信号は交差する道路が優先することを示すシグナルである」というルールがあります。しかし、この暗黙のルールは論理構造の中では隠されています。

chart9は、一対一論法をビジネスで使う資料のカタチに表現したビジュアルの類型①です。これが示すように、資料のコンテンツ部分には

chart 9　一対一論法とビジュアルの類型①

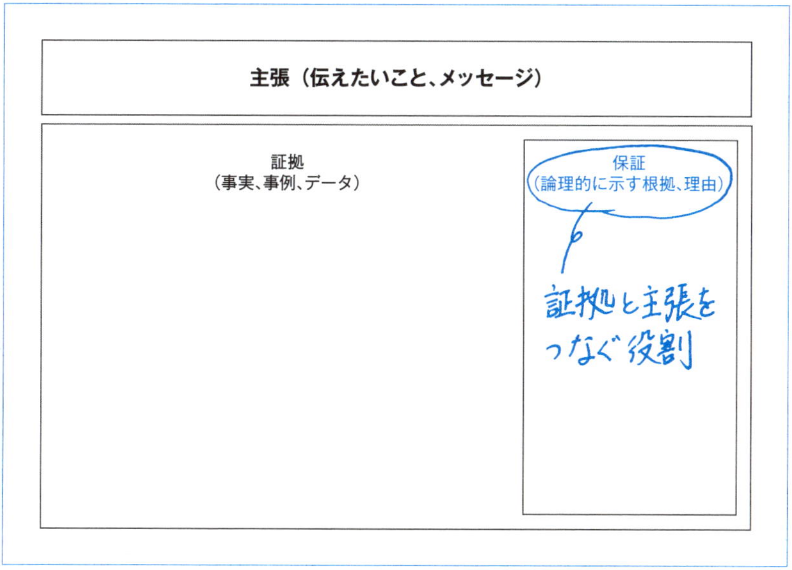

主張（伝えたいこと、メッセージ）
証拠 （事実、事例、データ）　　　　　　保証 （論理的に示す根拠、理由）

※保証：証拠と主張をつなぐ役割

証拠として、事実や事例、データが示されます。そして資料の上部に伝えたいメッセージが記述されます。

　基本的に一対一論法ではビジュアルの類型①が用いられます。そこには証拠と主張が必ずあり、保証は明示される場合と明示されない場合があります。

　先ほどの例でいえば、信号機のルールは万人に共通する社会的規範ですから、明示されることはほとんどありません。また、昼食時間のチャイムも、そこで働く人たちにとっては日々の決まりごとですから、これも明示されることはないでしょう。このように社会的常識や科学の法則などは、保証として明示されないことが多くなります。

　しかし、主張を伝える相手にとって馴染みのない事柄を判断基準として使う場合には、丁寧に説明する必要があります。たとえば数値データを証拠として使う場合には、情報源の確からしさや、数値の取り扱い方、計算方法などを保証として記述することが求められます。また、事業投資の可否を決めるようなときには、投資収益率や投資回収期間、黒字化の時期や累損回収の時期などの数値基準を明示することが必要です。

数値グラフは論を立てやすく、説得力がある
［ビジュアルの類型①］

　筆者がボストン コンサルティング グループ（BCG）で経営コンサルティングにかかわり始めたころ、とにかくグラフを用いた資料を作ることを奨められました。データを収拾して分析し、棒グラフや折れ線グラフ、散布図、面積グラフなど、どんな資料でもグラフを作成しました。

　後になってわかったことですが、グラフを作るとおのずと論理が組み込まれるので、論理に慣れていないコンサルティング初心者でも、ロジックに破綻の少ない資料を作りやすいのです。ですから、初心者はグラフを使った資料作りから入ることをお奨めします。

　chart10を見てください。これは一対一論法に基づくビジュアルの

| chart 10 | 日本のGDPの推移［ビジュアルの類型①の例］

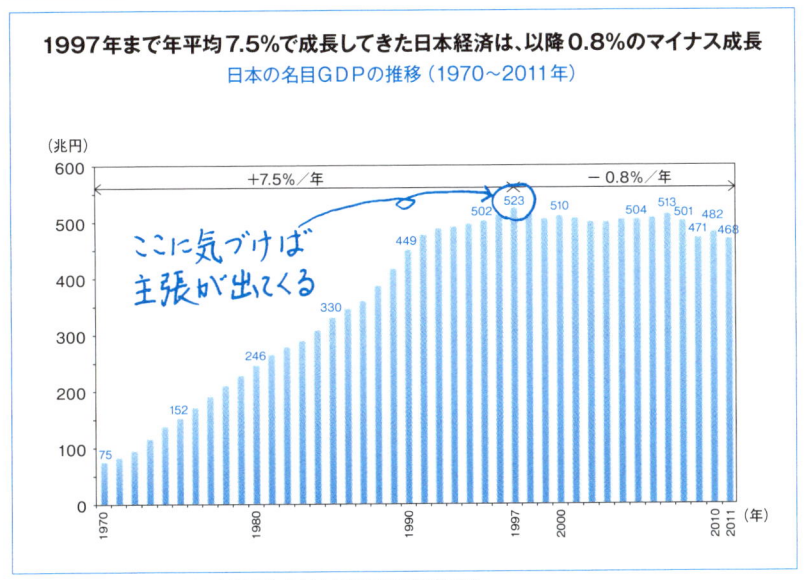

1997年まで年平均7.5％で成長してきた日本経済は、以降0.8％のマイナス成長
日本の名目GDPの推移（1970～2011年）

(兆円)
+7.5％／年　　　　　　　−0.8％／年

ここに気づけば
主張が出てくる

75, 152, 246, 330, 449, 502, 523, 510, 504, 513, 501, 471, 482, 468

(年) 1970, 1980, 1990, 1997, 2000, 2010, 2011

United Nations Statistics DivisionのGDPデータをもとにして年平均成長率を算出。

　類型①をグラフで描いた例です。類型①は、数値データに基づくグラフとして表現されることが多くあります。このグラフでは、1970年から2011年までの日本の名目GDPの推移を示しています。それはグラフのタイトルに示されているとおりです。
　数値データから読み取れるように、1970年に75兆円であった日本の名目GDPは、ピーク時の1997年には523兆円まで成長しました。しかし、その後は低迷が続き、2011年には468兆円となっています。この名目GDPの数値データをもとに年平均成長率を計算すると、1970年から1997年までは年7.5％の成長率でした。その後、1997年から2011年まではマイナス0.8％に落ち込んでいます。
　このビジュアルの類型①では一対一論法を使っています。すなわち、日本の名目GDPの数値を証拠として使い、それを受けて、1997年まで

ビジュアルを論理で裏づけることが重要（基礎編）｜第2章　41

年7.5％で成長してきた日本経済は、それ以降マイナス0.8％の成長になった、というメッセージを導き出しています。

　この論法では、データの出所がUnited Nations Statistics Divisionという確からしい国際機関であり、また年平均成長率が正しい算式によって計算されているという点が保証に相当します。

　このように数値に基づくグラフを使えば、比較的簡単に論理を組み立てることができるのです。冒頭で述べたとおり、論理に精通していなくても、グラフを描けばおのずとロジックができあがります。ですから、論理のパターンを学ぶためには、グラフから始めるのがよいといえます。

グラフの描き方の基本

　chart10のグラフの面白さは、時間軸の取り方にあります。たとえば過去5年間や過去10年間で日本の名目GDPの推移を見たときを想像し、過去40年間にわたってその推移を見たこのグラフと比べてみてください。ここでは40年という時間軸を取っているがゆえに、日本経済の成長の変曲点が見て取れるのです。5年間や10年間を取っただけでは、成長が滞っているマイナス成長の日本経済の姿しか見えてきません。

　これを例にして、基本的なグラフの描き方について解説します。まず、グラフにはタイトルを付けます。ここでは、「日本の名目GDPの推移（1970〜2011年）」がタイトルにあたります。次に、グラフエリア全体を枠で囲みます。そして縦と横にグラフの軸を設定します。この例では下辺が項目軸、左辺が数値軸となっています。この項目軸や数値軸には「外ヒゲ」を付けると見やすくなります。

　横軸には1970年から2011年まで年が並び、単位（年）が右側端に記載されます。縦軸は名目GDPの金額ですから、0から100兆円ごとに600兆円まで目盛りが書かれ、左上に単位（兆円）が記載されています。このとき目盛りの数は、見やすさを基準に決めるように心がけてくださ

い。

　目盛りの数を決めるときの基準が、「マジカルナンバー7プラスマイナス2」です。アメリカの心理学者であるジョージ・ミラーが提唱した数値で、人間にとって短期的な記憶容量はだいたい7つ、それに前後2つぐらいの範囲であるということを意味しています。したがって縦の数値軸は7±2の範囲で設定するのがよいでしょう。このグラフでも0から600まで7つが選ばれています。横の項目軸も10年ごとに目盛りがふられ、間近の2011年とピーク時の1997年が加えられ、全部で7つとなっています。どちらも7±2の許容範囲に収まっています。

　数値は単位のスケールも重要で、この場合は兆円単位が見やすいでしょう。億円単位や万円単位、あるいは円単位を取ると数字の桁数が大きくなって、とても見にくくなります。また、棒グラフには適切な数値ラベルを付けるとよいでしょう。すべての棒に付けると見にくくなるので、ここでは5年ごとに付けています。その基本線に加えて、1997年のピーク時、また近年については5年間にわたって数値ラベルを付けています。

　グラフの描き方の基本中の基本はこれだけです。chart10にはグラフの基本的な描き方のノウハウが詰まっていますので、みなさんがグラフを作成する際のガイドラインになるはずです。

section 8 複数の事実や事例を使って説明するときの基本形【並列論法】

並列論法は2つ以上の事実を使って説得力を高める

　ここではまず、象徴的な例を見てみましょう。「ソクラテスは死んだ。プラトンは死んだ。アリストテレスは死んだ。それゆえ人間は死する生き物だ」。この例は並列論法の基本形ともいえるものです。

　つまり、「ソクラテスは死んだ」という事実、「プラトンは死んだ」という事実、「アリストテレスは死んだ」という3つの事実から、「人間は死する生き物だ」という結論を導き出しています。「ソクラテスは死んだ」という1つの事実だけからでも、同様に結論は出せますが、この例では3つの事実を用いて結論を導いています。このように並列論法では、単独でも結論を導き出すのに十分ないくつかの事例を集めることによって、結論の正しさをさらに強固なものにします。

　chart11の図式に示してあるように、証拠群の中の事例1は、単独でも主張を証明しています。そのうえで事例2やデータ3、専門家の見解4などを用いることによって、主張の確からしさを高めています。単独の事実では疑問が残るような主張であっても、複数の事実を組み合わせて、念押しするかのように主張を展開するのが並列論法です。

　このとき証拠群となる事実や事例、データには、専門家の見解や証言、調査研究の結果、統計数値、情報やデータなどが用いられます。繰り返しますが、それぞれの事実は1つでも主張を証明している、ということ

chart 11　並列論法

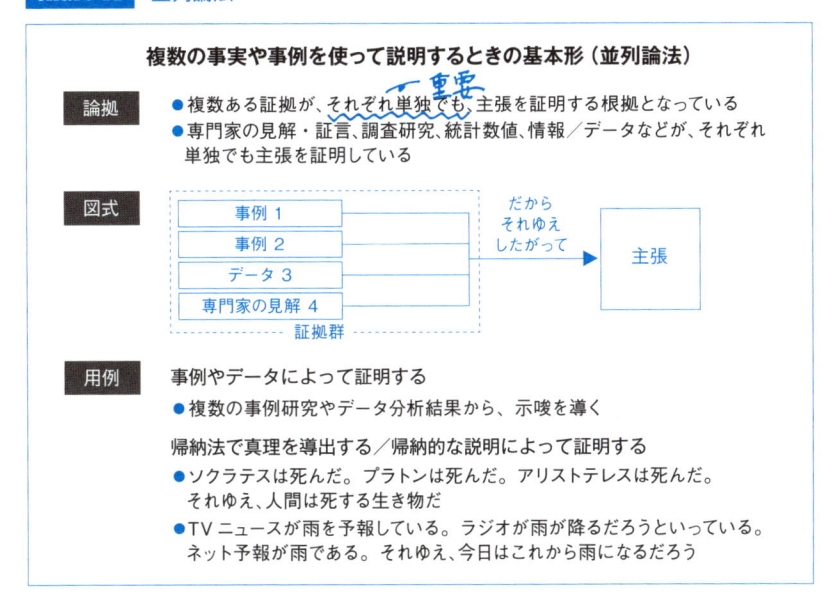

複数の事実や事例を使って説明するときの基本形（並列論法）

論拠
- 複数ある証拠が、それぞれ単独でも主張を証明する根拠となっている（**重要**）
- 専門家の見解・証言、調査研究、統計数値、情報／データなどが、それぞれ単独でも主張を証明している

図式

```
事例 1 ┐
事例 2 ├─ だから
データ 3 ├─ それゆえ ──→ 主張
専門家の見解 4 ┘ したがって
   証拠群
```

用例
事例やデータによって証明する
- 複数の事例研究やデータ分析結果から、示唆を導く

帰納法で真理を導出する／帰納的な説明によって証明する
- ソクラテスは死んだ。プラトンは死んだ。アリストテレスは死んだ。それゆえ、人間は死する生き物だ
- TVニュースが雨を予報している。ラジオが雨が降るだろうといっている。ネット予報が雨である。それゆえ、今日はこれから雨になるだろう

を忘れないでください。

　別の例では、今日の天候を予測する際に、テレビニュースが雨を予報している（証拠1）、ラジオ予報が雨である（証拠2）、ネットでも雨が降るといっている（証拠3）、という3つの証拠を持ち出しています。これらの証拠から、「それゆえ今日は雨が降るだろう」という主張を合理的に導き出しているのです。もちろん、1つの証拠からだけでも雨が降ることは予測できますが、あえて3つの証拠を並べて主張の納得感を高めているのです。

　並列論法は、別の言い方をすれば帰納法を用いた論の立て方です。観察される複数の事実から、結論としていえそうなことを導き出すのが帰納法です。並列論法の背後には帰納法の考え方があります。

　並列論法に対応するビジュアルの類型②は`chart12`のようなカタチで表現されます。資料のメッセージ部分の主張を証明するために、本文

chart 12　並列論法とビジュアルの類型②

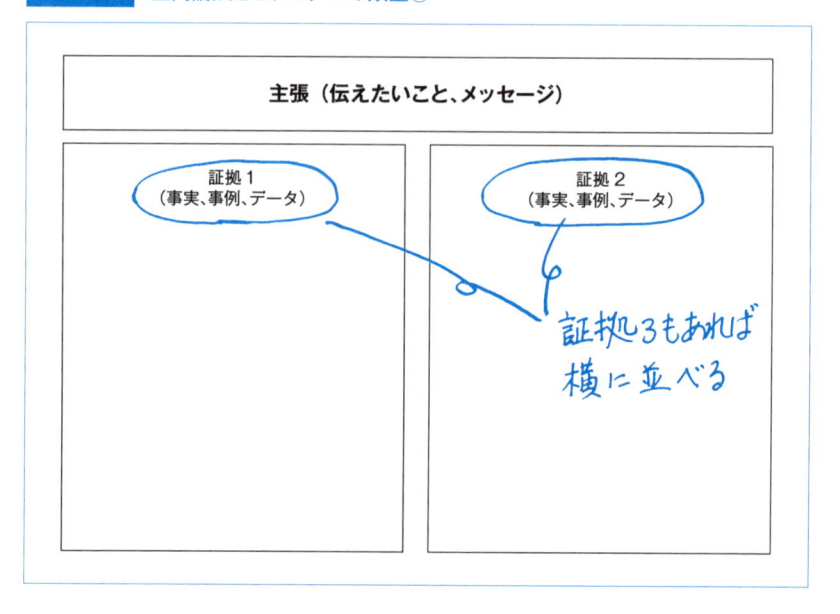

```
┌─────────────────────────────────────┐
│        主張（伝えたいこと、メッセージ）         │
├──────────────────┬──────────────────┤
│   証拠1          │   証拠2          │
│  （事実、事例、データ）│  （事実、事例、データ）│
│                  │                  │
│                  │                  │
└──────────────────┴──────────────────┘
```

証拠3もあれば
横に並べる

　には証拠1と証拠2のように、複数の証拠が記載されます。これらの証拠は、先ほど説明したように事実や事例、データなどで構成されます。3つ以上の証拠を用いて主張を証明するときには、証拠1、証拠2、証拠3と横に並べればよいでしょう。並列論法はビジュアルの類型②で図解されると覚えてください。

異なる例から共通するメッセージを示す
［ビジュアルの類型②］

　世界有数の消費財メーカーであるP&Gは、ブレインストーミング手法を活用して事業の成功に結びつけていることで有名な会社です。一方、アメリカのデザインコンサルティング会社であるIDEOは、ブレインストーミングが得意な人材を育成していることで有名です。ブレインス

chart 13 ブレインストーミングのルール［ビジュアルの類型②の例］

アイデアを引き出す方法論として、ブレインストーミングにはルールがある
P&GとIDEOのブレインストーミングのルール

P&Gのルール	IDEOのルール
1. ファシリテーターを用意する	1. 判断を控えよ
2. うまいテーマ設定を準備する	2. 数を出せ
3. 肩の力を抜く	3. 一度に1人ずつ話をせよ
4. リーダーは従う	4. 視覚化して表現せよ
5. 誰もが貢献できるようにする	5. 見出しをつけよ
6. アイデアを記録しておく	6. 他人のアイデアに乗っかれ
7. 次にどうすればよいか、先を考える	7. 本題から逸れないようにせよ
8. 小道具を使う	8. 突飛なアイデアを大事にせよ
9. 一歩外に踏み出す	
10. ルールに従う	

証拠1　証拠2

P&Gのルールは、A・G・ラフリー、ラム・チャラン『ゲームの変革者―イノベーションで収益を伸ばす』日本経済新聞出版社、2009. を参考にし、IDEOのルールは、トム・ケリー、ジョナサン・リットマン『発想する会社！―世界最高のデザイン・ファームIDEOに学ぶイノベーションの技法』早川書房、2009. を参考にして作成。

トーミングはアイデアを導き出し、そのアイデアを事業の形にして成果につなげる方法として、マネジメントの世界でも注目を集めています。

　chart13には、ブレインストーミングに関するP&GのルールとIDEOのルールが記載されています。ビジュアルの類型②にならって、本文にはP&GとIDEOのルールが並べられ、「アイデアを引き出す方法論として、ブレインストーミングにはルールがある」というメッセージが導き出されています。

　ブレインストーミングの効果を引き出すためには、ただやみくもにそれを行うのではなく、その組織に合ったルールを設定することが大事であることを、2社の例から示しているのです。

　具体的にP&Gのルールを見ると、大きな組織の中でいかにしてブレインストーミングの効果を引き出すか、ということに腐心していること

がわかります。「1.ファシリテーターを用意する」「4.リーダーは従う」とあるのは、組織の階層構造を意識しているルールです。また、「3.肩の力を抜く」「9.一歩外に踏み出す」「10.ルールに従う」などは、ややもするとこれまでの習慣的な考え方に凝り固まってしまう組織の殻を打ち破ることをねらっています。新しいアイデアを生み出す方向に社員を引っ張るためのルールといえます。

　一方、IDEOの8つのルールを見ると、彼らの組織では、アイデアの数を多く出すこと、ユニークなアイデアをつくり上げていくことが大切にされているとわかります。「2.数を出せ」は、まさしくアイデアの数を重視していることを示しています。また、「1.判断を控えよ」「6.他人のアイデアに乗っかれ」「8.突飛なアイデアを大事にせよ」は、どんな異端なアイデアであっても、大切にするためのルールです。そこには思いがけない大事なヒントが隠されているということを、彼らが経験的に知っていることを示しています。

　このように、2社の例の中身はかなり異なっていますが、ブレインストーミングを活用するときには組織に合ったルールを設定し、それを徹底する点が共通しており、全体の主張となっているのです。

複数の事実を観察し、分析して結果を示す
［ビジュアルの類型②］

　街頭でポケットティッシュを配っている人を見かけることは多いと思います。2000年代の初頭、消費者金融会社にとってポケットティッシュを街中で配布することは、大切な販売促進の手段でした。

　chart14を見てください。これもビジュアルの類型②の例です。この資料のメッセージは、「街中で終日ポケットティッシュを配布できる運営体制を敷いている」であり、これが販売促進のカギであるといっています。そしてこの主張を支えているのが、消費者金融A社とB社の業務運営体制です。この業務運営体制の時間割を見ればわかるように、両

chart 14 消費者金融の業務運営体制［ビジュアルの類型②の例］

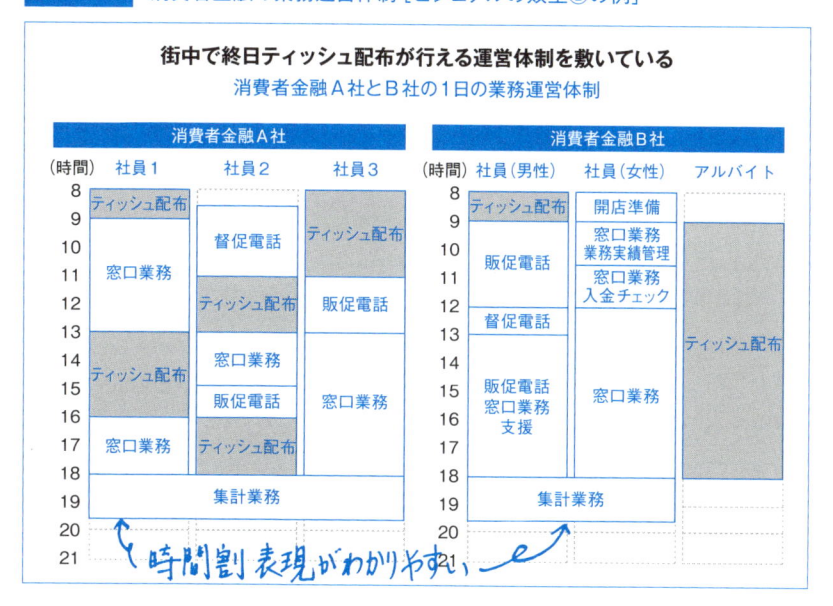

街中で終日ティッシュ配布が行える運営体制を敷いている
消費者金融A社とB社の1日の業務運営体制

消費者金融A社				消費者金融B社		
(時間)	社員1	社員2	社員3	(時間) 社員（男性）	社員（女性）	アルバイト
8	ティッシュ配布		ティッシュ配布	8 ティッシュ配布	開店準備	
9		督促電話		9	窓口業務業務実績管理	
10	窓口業務			10 販促電話		
11			販促電話	11	窓口業務入金チェック	
12		ティッシュ配布		12		ティッシュ配布
13				13 督促電話		
14	ティッシュ配布	窓口業務		14		
15		販促電話	窓口業務	15 販促電話窓口業務支援	窓口業務	
16				16		
17	窓口業務	ティッシュ配布		17		
18				18		
19		集計業務		19 集計業務		
20				20		
21						

〔時間割表現がわかりやすい〕

社とも営業時間中にわたって、街中でのティッシュ配布が行えるように人員を配置していました。

　この資料の説明相手であった消費者金融C社は、その当時、店舗の業務運営体制の見直しを進めていました。そこで、あるべき業務運営体制を明らかにするために、競合するA社とB社の池袋店を観察対象に選定したのでした。

　そこで、競合A社とB社の店舗従業員の行動を丸一日つぶさに観察しました。とくに、店舗の外での従業員の行動に着目し、広告入りのポケットティッシュの配布に使っている業務時間帯を割り出しました。さらに不確かな点を明らかにするために、両社の従業員にヒアリングを行ってデータの精度を上げました。このように資料の証拠として使う情報に関しては、現場での地道な観察や情報の整理、適切な分析が重要になります。この例では、業務運営体制を1日の時間割表で表現すること

によって、的確なメッセージを伝達できる証拠に組み立てています。
　さて、この調査結果を受けて、消費者金融Ｃ社はこれまでの店舗の業務運営体制を見直して、終日ポケットティッシュを配布できるような人員配置を行うことにしました。広告入りポケットティッシュの街頭での配布が、有力な販促手段であることは頭ではわかっていました。しかし、社内での反対派を説得し、関係者の納得感を得るためには、競合Ａ社とＢ社という複数の証拠が必要だったのです。

section 9 複数の事実を組み合わせて メッセージを導き出す 【結合論法】

結合論法を使って事実の組み合わせから主張を導く

　まず簡単な例を紹介しましょう。気温が氷点より下がり（証拠1）、湿度が十分にあり（証拠2）、上昇気流がある（証拠3）と、おそらく雪になるだろう（主張A）という例です。雪になるためには、気温、湿度、気流の3つの条件がそろう必要があるといっています。気温が氷点より下がる（証拠1）だけでは雪にはなりません。湿度が十分にある（証拠2）だけでも雪にはなりません。上昇気流がある（証拠3）だけでもだめです。しかし、この3つの条件がそろうと雪になることが多くなります。このように、いくつかの証拠が組み合わされることによってメッセージが成立するのが結合論法です。

　section8の並列論法では、それぞれの証拠は単独でも主張につながりました。しかし結合論法では、複数の証拠が組み合わされることによって、主張を十分に証明する論拠となるのです。ここが並列論法とは違うところです。

　`chart15`に結合論法の要点をまとめました。結合論法では2つ以上の証拠が組み合わさって主張を証明することになります。1つの証拠だけでは十分に主張を証明できない点が、結合論法の特徴でもあります。

　用例にあるとおり、
　売上高＝顧客数×単価×購入数量

chart 15 結合論法

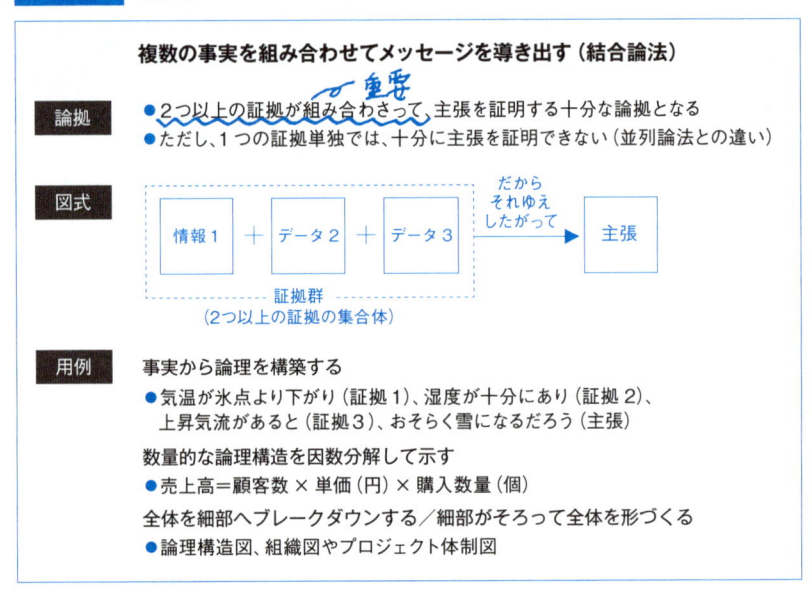

複数の事実を組み合わせてメッセージを導き出す(結合論法)

論拠
- 2つ以上の証拠が組み合わさって、主張を証明する十分な論拠となる 〔重要〕
- ただし、1つの証拠単独では、十分に主張を証明できない(並列論法との違い)

図式

情報1 + データ2 + データ3 → 主張

(だから/それゆえ/したがって)

証拠群
(2つ以上の証拠の集合体)

用例
事実から論理を構築する
- 気温が氷点より下がり(証拠1)、湿度が十分にあり(証拠2)、上昇気流があると(証拠3)、おそらく雪になるだろう(主張)

数量的な論理構造を因数分解して示す
- 売上高=顧客数 × 単価(円)× 購入数量(個)

全体を細部へブレークダウンする/細部がそろって全体を形づくる
- 論理構造図、組織図やプロジェクト体制図

　というように因数分解できます。これは売上高という目的変数を導き出すために、顧客数と単価と購入数量の3つがそろい、掛け合わされているという構造になっています。これは典型的な結合論法の1つの表現方法です。

　また、論理構造図やプロジェクト体制図も結合論法に相当します。全体を細部へブレークダウンしていく、細部がそろって全体が形成されるというのも、結合論法の考えに基づいています。

　この結合論法に対応するビジュアルの類型は3つあります。それを順番に見ていきましょう。

「重要なポイントは3つです」と語る
[ビジュアルの類型③]

　説得力あるプレゼンテーションのコツは、「重要な点は3つあります」と前置きしてから、その3つの中身を順序よく説明することだ、とよくいわれます。これがまさに結合論法の思考法です。この思考法をビジュアルのカタチで示すとchart16のようになります。このビジュアルの類型③が示すように、3つの要素a、b、cが証拠を伴って示され、伝えたいメッセージが導き出されています。

　chart17はビジュアルの類型③をもとにした結合論法の典型的な例です。この資料で相手に伝えたいメッセージは、「H空港国際線におけるラウンジ内スパの成功要因は、ビュー、インテリア、サービスの3つの一貫性である」ということです。そしてこのメッセージを支えている

chart 16　結合論法とビジュアルの類型③

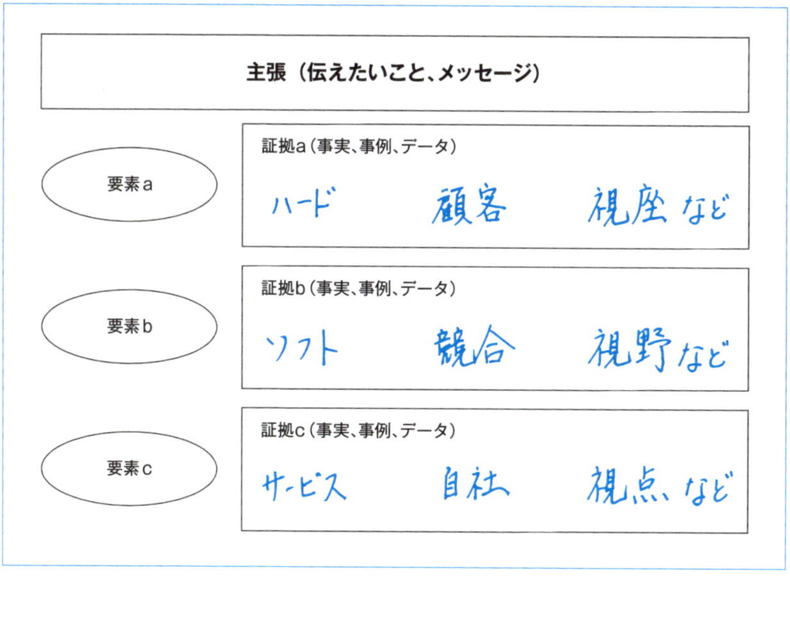

主張（伝えたいこと、メッセージ）

要素a ── 証拠a（事実、事例、データ）　ハード　顧客　視座 など

要素b ── 証拠b（事実、事例、データ）　ソフト　競合　視野 など

要素c ── 証拠c（事実、事例、データ）　サービス　自社　視点 など

| chart 17 | 3つの成功要因［ビジュアルの類型③の例］

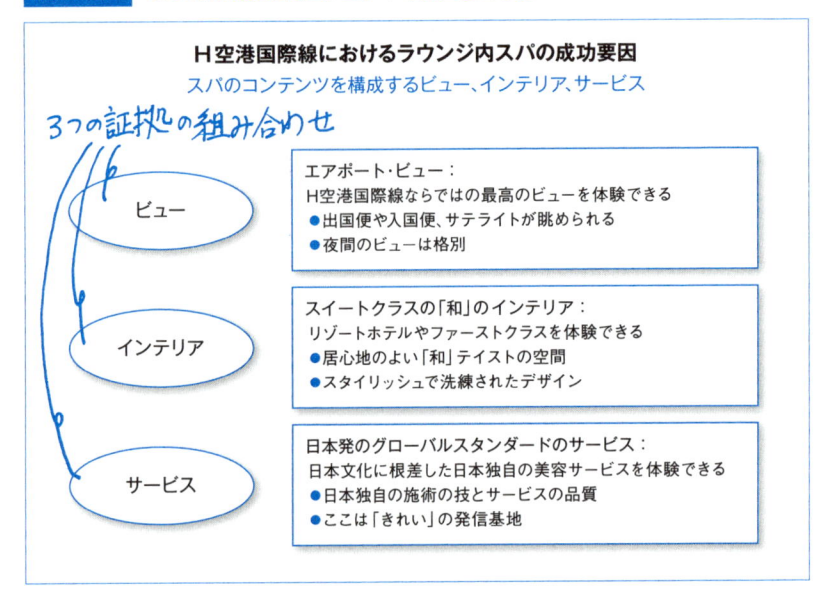

H空港国際線におけるラウンジ内スパの成功要因
スパのコンテンツを構成するビュー、インテリア、サービス

3つの証拠の組み合わせ

- ビュー
  - エアポート・ビュー：
    H空港国際線ならではの最高のビューを体験できる
    - 出国便や入国便、サテライトが眺められる
    - 夜間のビューは格別

- インテリア
  - スイートクラスの「和」のインテリア：
    リゾートホテルやファーストクラスを体験できる
    - 居心地のよい「和」テイストの空間
    - スタイリッシュで洗練されたデザイン

- サービス
  - 日本発のグローバルスタンダードのサービス：
    日本文化に根差した日本独自の美容サービスを体験できる
    - 日本独自の施術の技とサービスの品質
    - ここは「きれい」の発信基地

のが、エアポート・ビュー、スイートクラスの「和」のインテリア、そして日本発のグローバルスタンダードのサービスの3つになります。

ビジネスの成功要因は、顧客や、そのときの事業の状況によって変わりうるものです。この例の場合、顧客と討議を重ねていくなかで、顧客の頭の中でビューとインテリア、サービスの重要度が高いことがわかってきました。その理解を受けて、この3つの要素を選んだわけです。

別の顧客や別の事業環境では、たとえば、ハードとソフトとサービスの3つが選ばれることもあるでしょう。いずれにせよ、複数の要素を並べてメッセージを導き出すのがビジュアルの類型③であり、結合論法の基本です。

物事を因数分解して理由を解明する［ビジュアルの類型④］

2つめの結合論法のカタチは因数分解です。それはchart18のビジュアルの類型④に示されています。左側のデータYが右側の3つのデータX1、X2、X3によって構成されているという形態です。たとえばデータYが売上高だとすると、売上高は顧客数と単価と数量を掛け合わせることによって導き出される、ということを示す描き方です。

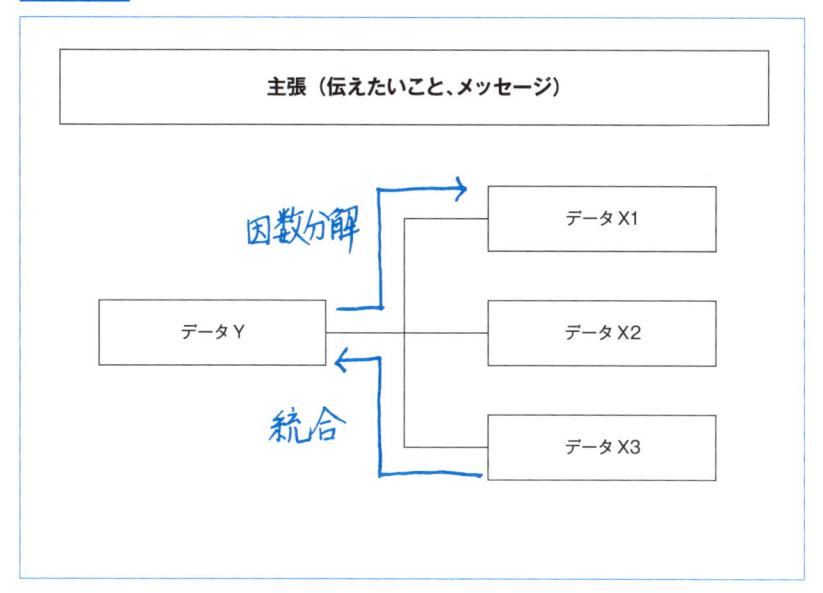

chart19は、営業活動プロセスをビジュアルの類型④によって図解したものです。この企業では契約企業数をどうやって増やすかが重要な論点でした。図の左側の契約企業数がデータYに相当します。そして、チャートの右側にあるように、契約企業数はターゲットとする企業数、その企業へのコンタクト率、アポ獲得率、商談率、契約率の5つの要素

chart 18　結合論法とビジュアルの類型④

主張（伝えたいこと、メッセージ）

因数分解
統合

データY　→　データX1／データX2／データX3

ビジュアルを論理で裏づけることが重要（基礎編）｜第2章　55

| chart 19 | 営業成果の分解と測定 ［ビジュアルの類型④の例］

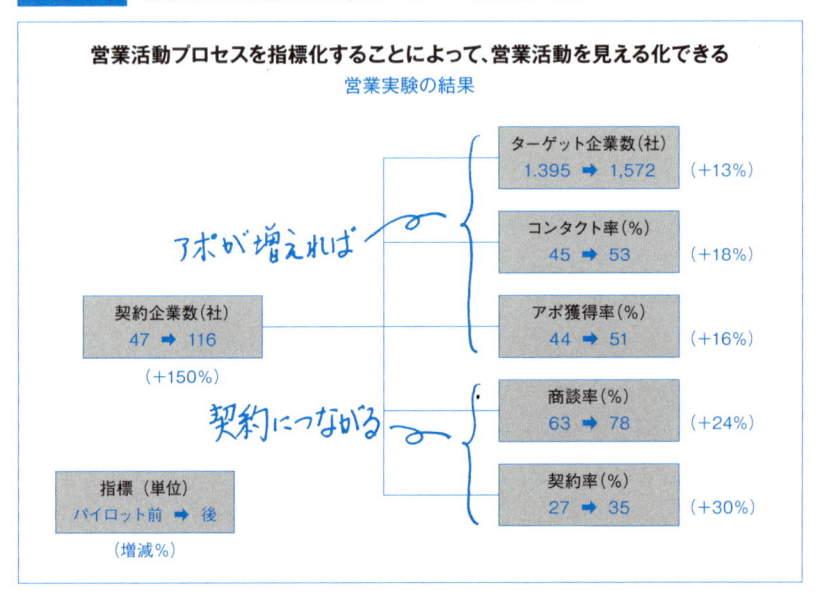

営業活動プロセスを指標化することによって、営業活動を見える化できる
営業実験の結果

	ターゲット企業数(社) 1,395 ➡ 1,572	(+13%)
	コンタクト率(%) 45 ➡ 53	(+18%)
契約企業数(社) 47 ➡ 116 (+150%)	アポ獲得率(%) 44 ➡ 51	(+16%)
	商談率(%) 63 ➡ 78	(+24%)
指標（単位） パイロット前 ➡ 後 （増減％）	契約率(%) 27 ➡ 35	(+30%)

手書き注記：「アポが増えれば」「契約につながる」

で組み立てることができます。

　これは見込み顧客にコンタクトをしてアポを取り、商談をして契約に結びつけるという営業活動のプロセスから導き出された指標です。言い換えれば、契約企業数を増やすという目標は、営業プロセスを構成する5つの要素によって数値化できるということです。この会社では実際に2つの時点を取って、それぞれの数値がどのように変化したのかを測定しました。

　このようにデータを使って因数分解するときには、結合論法のビジュアルの類型④を使うと効果的です。

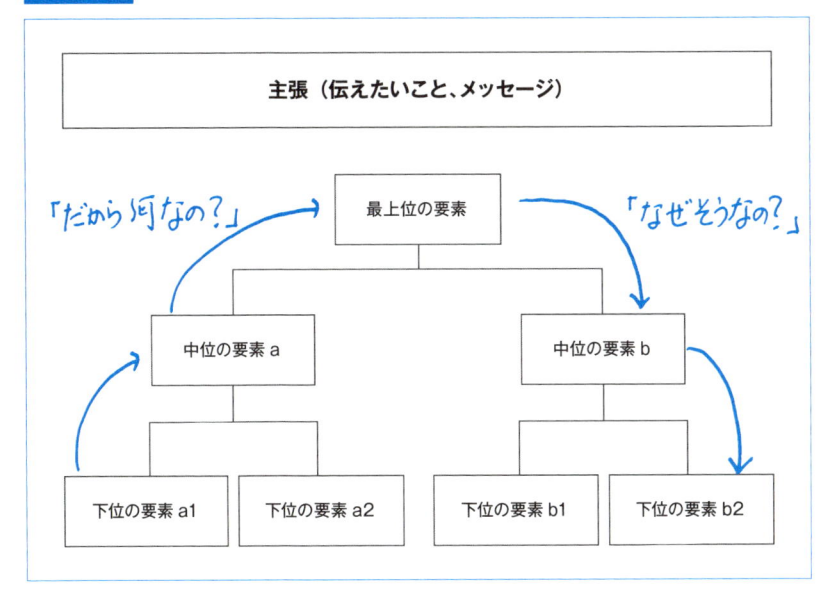

ピラミッド・ストラクチャーは階層構造の基本
[ビジュアルの類型⑤]

　もう1つの結合論法はビジュアルの類型⑤で、chart20に示すようなカタチになります。ビジュアルの類型⑤では、最上位の要素が1段下に分解され、さらにそこから下位の要素に分解されるという形態になります。ここでは具体例を2つ見てみます。

　1つめの例は、chart21のピラミッド・ストラクチャーです。これはアメリカ人コンサルタントのバーバラ・ミントが体系化した考えです。この図にあるとおり、最上位の結論Aは3つのキーラインa、b、cで支えられています。さらに、それぞれのキーラインは複数の事実によって導き出されているという構造です。

　たとえば、「A社との販売提携を進めたほうがよい」という結論Aが

chart20　結合論法とビジュアルの類型⑤

主張（伝えたいこと、メッセージ）

「だから何なの？」　最上位の要素　「なぜそうなの？」

中位の要素a　　中位の要素b

下位の要素a1　下位の要素a2　下位の要素b1　下位の要素b2

ビジュアルを論理で裏づけることが重要（基礎編）｜第2章

| chart 21 | ピラミッド・ストラクチャー［ビジュアルの類型⑤の例］

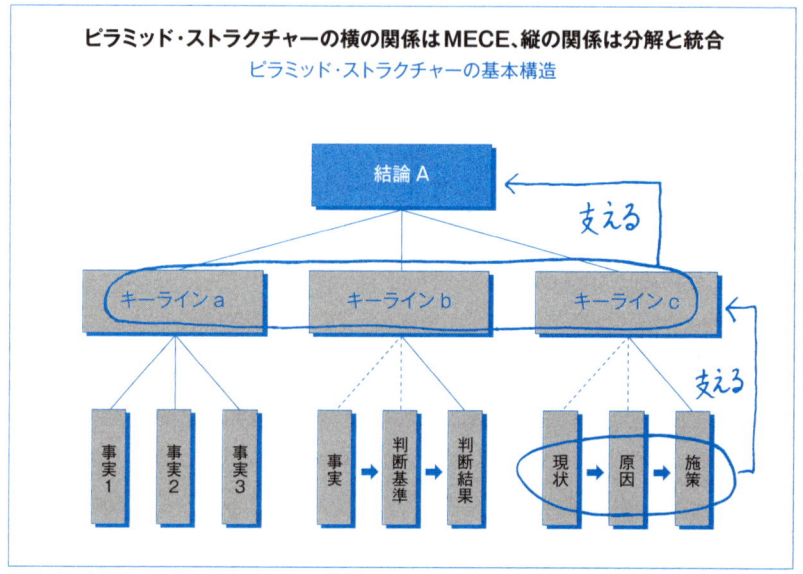

ピラミッド・ストラクチャーの横の関係はMECE、縦の関係は分解と統合
ピラミッド・ストラクチャーの基本構造

ピラミッド・ストラクチャーの用語は、バーバラ・ミントが体系化したもの。バーバラ・ミント、『考える技術・書く技術―問題解決力を伸ばすピラミッド原則』ダイヤモンド社、1999．を参照。

あったとします。そのとき3つのキーラインは、たとえば次のように考えられます。キーラインaは、「A社の持つ商品群は業界平均よりも高い成長が見られる」で、キーラインbは「自社とA社の地域的な補完関係があり、現在は販売エリアの重複が少ない」、そしてキーラインcは企業文化にかかわるもので、「自社とA社はかつて別の商品で販売提携をしたことがあり、お互いの手の内や文化を理解しあっている」といった具合です。

この例からわかるように、ピラミッド・ストラクチャーは論理的な文章展開を行うときの基本になります。ビジネス資料を作るときには役に立ちますので、覚えておくべき基本構造といえます。

もう1つのビジュアルの類型⑤は、chart22 のプロジェクト体制図です。この例は、キッズ・エンターテイメント・アカデミーというプロ

| chart 22 | プロジェクト体制図 ［ビジュアルの類型⑤の例］

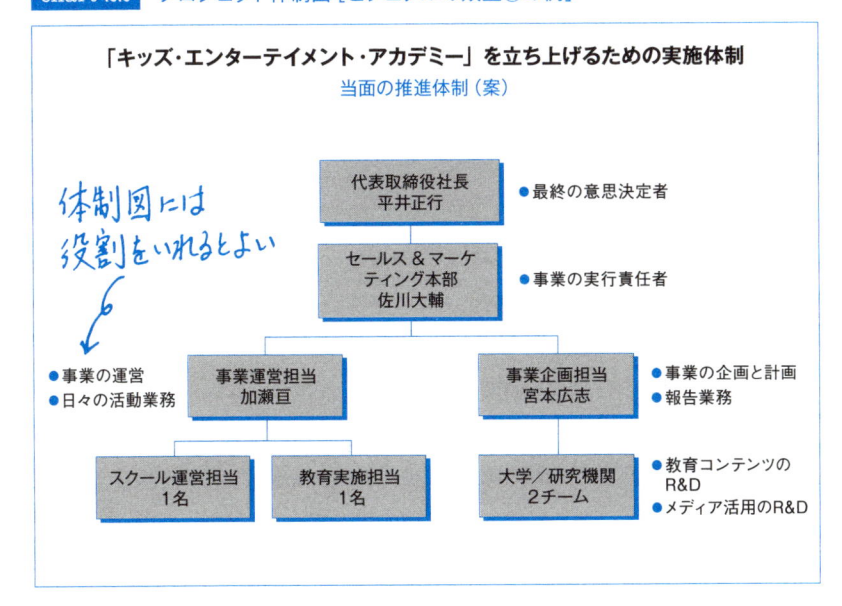

「キッズ・エンターテイメント・アカデミー」を立ち上げるための実施体制
当面の推進体制（案）

体制図には
役割をいれるとよい

- 代表取締役社長 平井正行　●最終の意思決定者
- セールス＆マーケティング本部 佐川大輔　●事業の実行責任者
- 事業運営担当 加瀬亘　●事業の運営　●日々の活動業務
  - スクール運営担当 1名
  - 教育実施担当 1名
- 事業企画担当 宮本広志　●事業の企画と計画　●報告業務
  - 大学／研究機関 2チーム　●教育コンテンツのR&D　●メディア活用のR&D

ジェクトの実施体制図を示しています。最上位に社長がいて、社長直轄のプロジェクトの実行責任者がおり、事業運営チームと事業企画チームの2チーム体制が敷かれています。体制上のそれぞれの担当者の役割や機能が明示されていると、より説得力が高まります。

　以上のように結合論法は、ビジュアルの類型③、類型④、類型⑤のカタチをとって資料に表されることになります。

section 10

風が吹けば桶屋がもうかることを論理的に語る
【連鎖論法】

連鎖論法は事実をつなぎ合わせて物語をつくる

　eコマース（インターネット販売）ビジネスについて考えてみましょう。一般的にeコマースビジネスでは、そのサイトへの訪問客が増えればトラフィック（通信量）が増大します。トラフィックが増大すれば、多くの売り手が参加するようになります。売り手の数が増えれば品揃えが充実します。品揃えが充実してくると、さらに多くの訪問客を引きつけることができます。このように因果関係を鎖のようにつなげるのが連鎖論法です。

　chart23に連鎖論法の基本をまとめてあります。連鎖論法では、証拠から導き出される結論が次の証拠になり、さらにその証拠から導き出される結論が次の証拠になります。そして、この連鎖によって最終的な主張が導き出されます。図解されているように、事実aから結論bが導き出され、それが事実bとなり次の結論cが導き出されます。その結論cが事実cとなり結論dが導き出され、最終的にこの連鎖を終えて主張Dへとつながっていきます。これが連鎖論法の基本的な構造です。

　順序立てて論理を構築した別の例を見てみましょう。自動車の速度が遅ければ、エンジンは少ない燃料しか燃焼しない。それゆえ、速度が遅ければ燃料消費は少ない。燃料消費が少なければ、有害ガスの放出量が少ない。有害ガスの放出量が少なければ、大気汚染は少なくてすむ。し

chart 23　連鎖論法

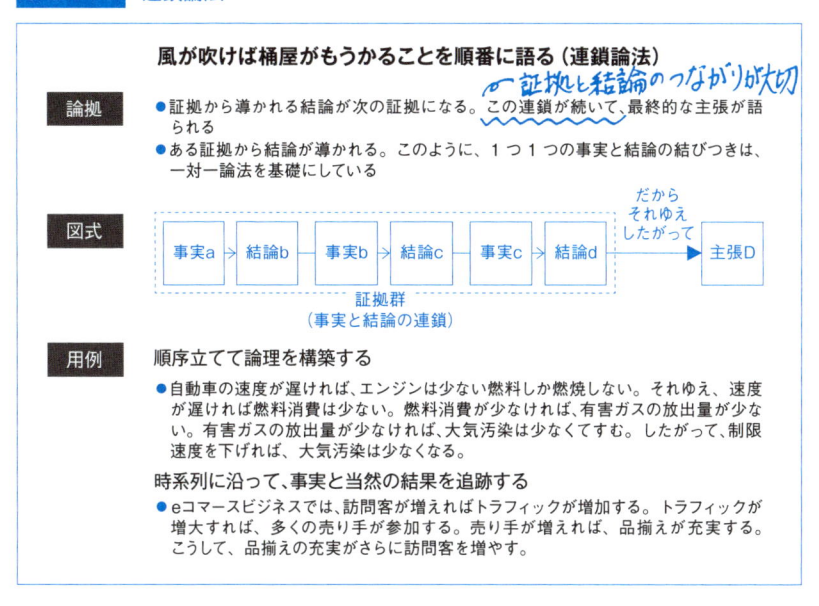

風が吹けば桶屋がもうかることを順番に語る（連鎖論法）

論拠
- 証拠から導かれる結論が次の証拠になる。この連鎖が続いて、最終的な主張が語られる
- ある証拠から結論が導かれる。このように、1つ1つの事実と結論の結びつきは、一対一論法を基礎にしている

（手書き）証拠と結論のつながりが大切

図式

事実a → 結論b → 事実b → 結論c → 事実c → 結論d ⇒ 主張D

証拠群（事実と結論の連鎖）

だから／それゆえ／したがって

用例　順序立てて論理を構築する
- 自動車の速度が遅ければ、エンジンは少ない燃料しか燃焼しない。それゆえ、速度が遅ければ燃料消費は少ない。燃料消費が少なければ、有害ガスの放出量が少ない。有害ガスの放出量が少なければ、大気汚染は少なくてすむ。したがって、制限速度を下げれば、大気汚染は少なくなる。

時系列に沿って、事実と当然の結果を追跡する
- eコマースビジネスでは、訪問客が増えればトラフィックが増加する。トラフィックが増大すれば、多くの売り手が参加する。売り手が増えれば、品揃えが充実する。こうして、品揃えの充実がさらに訪問客を増やす。

たがって、制限速度を下げれば、大気汚染は少なくなる、という説明です。この論の立て方が連鎖論法です。この連鎖論法には、ビジュアルの類型⑥、類型⑦が対応しています。

仕事や時間の流れを表す［ビジュアルの類型⑥］

　chart24を見てください。これは順序1、順序2、順序3といくつかの事実や事例、データが連鎖的につながっている図です。これが連鎖論法に対応したビジュアルの類型⑥で、物事の順序や時間の流れを表すときに使います。

　chart25は連鎖論法によるビジュアルの類型⑥の一例です。ここでは営業活動のプロセスを営業の仕事の流れと捉え、その流れを順番に示

chart 24　連鎖論法とビジュアルの類型⑥

主張（伝えたいこと、メッセージ）

時間の流れ、物事の順序、作業の順番など →

- 順序1（事実、事例、データ）
- 順序2（事実、事例、データ）
- 順序3（事実、事例、データ）

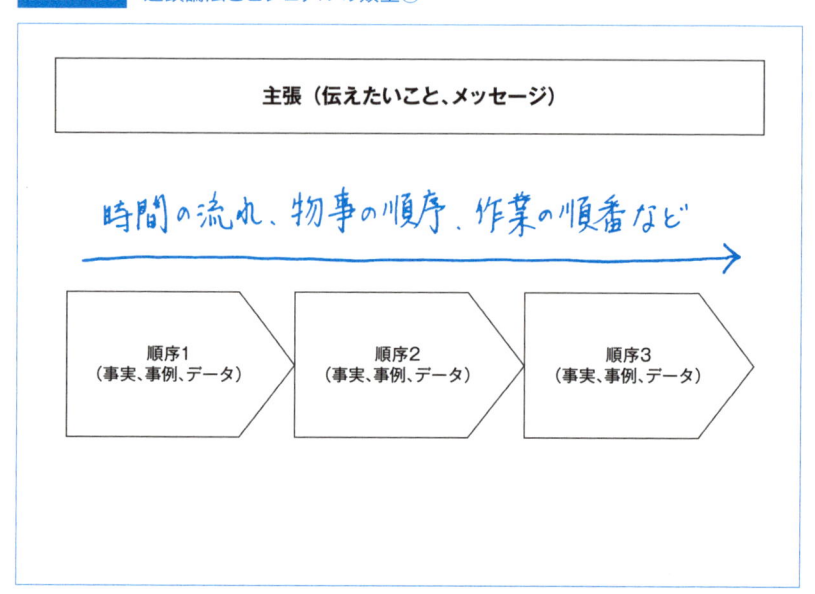

chart 25　顧客パイプラインの数値化 ［ビジュアルの類型⑥の例］

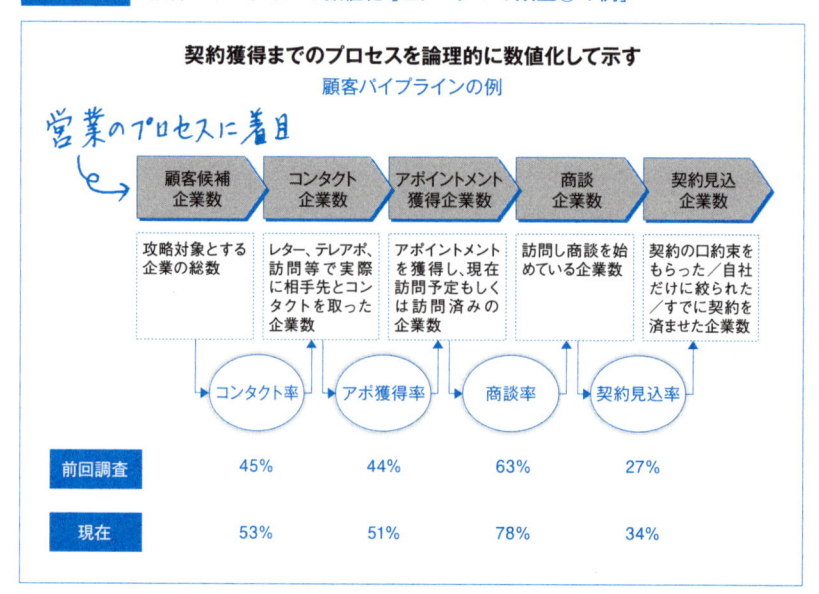

契約獲得までのプロセスを論理的に数値化して示す
顧客パイプラインの例

営業のプロセスに着目

	顧客候補企業数	コンタクト企業数	アポイントメント獲得企業数	商談企業数	契約見込企業数
	攻略対象とする企業の総数	レター、テレアポ、訪問等で実際に相手先とコンタクトを取った企業数	アポイントメントを獲得し、現在訪問予定もしくは訪問済みの企業数	訪問し商談を始めている企業数	契約の口約束をもらった／自社だけに絞られた／すでに契約を済ませた企業数

	コンタクト率	アポ獲得率	商談率	契約見込率
前回調査	45%	44%	63%	27%
現在	53%	51%	78%	34%

しています。訪問先の候補となる顧客を選び、その顧客にコンタクトし、実際にアポを取り、商談の場に向かい、そしてお客様になってもらうという5つのプロセスを表しています。

また、chart26の例では、キッズ・エンターテイメント・アカデミーに入学した生徒がメディアに出演する機会は、いつごろ、どこにあるのかを説明しています。この資料では、生徒が入学してからの時間軸の流れが考えられ、入学時にどのようなチャンスがあるのか、学年が変わる節目にどのようなチャンスがあるのか、そしてうまくチャンスをつかめた場合のタレントデビューへの道にはどのようなものが用意されているのか、ということが順番に語られています。

さらにこの例では、生徒の年代によってキッズ、ジュニア、ティーンと3つのグループに分け、それぞれどのようなメディア露出の機会があるのかが具体的に記述されています。

chart 26　出演機会の発展例［ビジュアルの類型⑥の例］

民放やNHK、メディアグループ企業と連動した重層的な出演機会を演出

（入学後の時間の流れ）

	入学後のチャンス	節目でのイベント	タレントデビューへの道
ティーン	トレーニングの進展状況のメディア発信	ネットメディアで卒業発表を発信 スポンサー番組への出演	音楽会社からのデビュー スーパー戦隊シリーズの隊員 タレント以外の進路もあり （インストラクターなど）
ジュニア	ジュニアファッションショーや舞台演技	たとえば、フジテレビとの連携 スポンサー番組への出演	CMタレントとしての出演 ●広告会社のアカウントクライアント
キッズ	キッズファッションショーや舞台演技	産経新聞社との連携 ●たとえば、キッズフェスタでの発表 スポンサー番組への出演	NHK教育番組への出演 ●おかあさんといっしょ ●日本語であそぼ ●すくすく子育て

（3つにグループ分け）

このように連鎖論法のビジュアルの類型⑥では、仕事の手順やステップ、時間の流れなど連なる項目を順序よく並べるのが基本です。

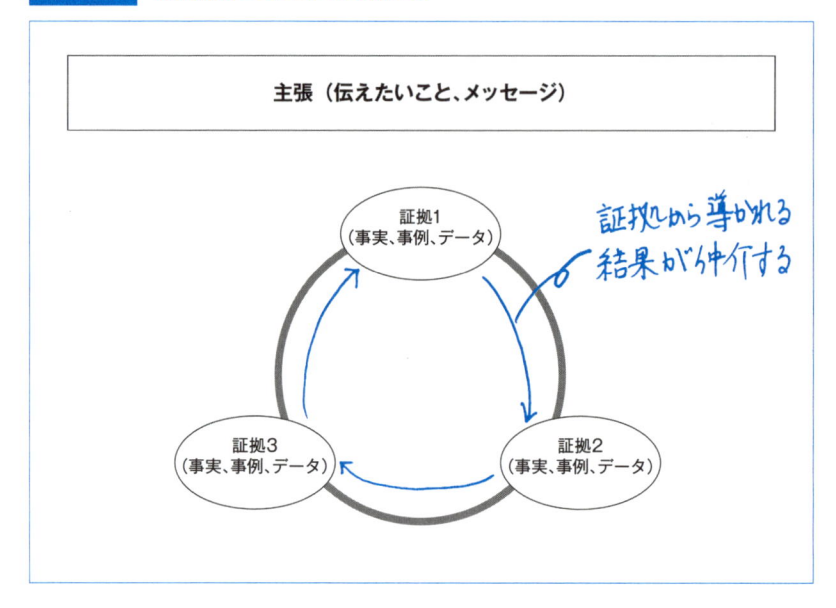

軌道修正を組み入れた連鎖アプローチ ［ビジュアルの類型⑦］

chart27のビジュアルの類型⑦を見てください。このチャートでは、いくつかの証拠が円に沿って並び、最終的に最初の証拠に戻ってくるという流れが示されています。これも連鎖論法の描き方です。

chart28は軌道修正を組み入れた連鎖の例です。ここでは、腑に落ちるビジネスモデルを構築するアプローチはどうあるべきか、という論点に答えています。ビジネスモデルの探索においては、顧客発見、顧客実証、軌道修正の3つのプロセスを順番に繰り返します。つまり、顧客

chart 27 連鎖論法とビジュアルの類型⑦

主張（伝えたいこと、メッセージ）

証拠1（事実、事例、データ）
証拠2（事実、事例、データ）
証拠3（事実、事例、データ）

証拠から導かれる結果が仲介する

| chart 28 | 軌道修正を組み入れた連鎖［ビジュアルの類型⑦の例］

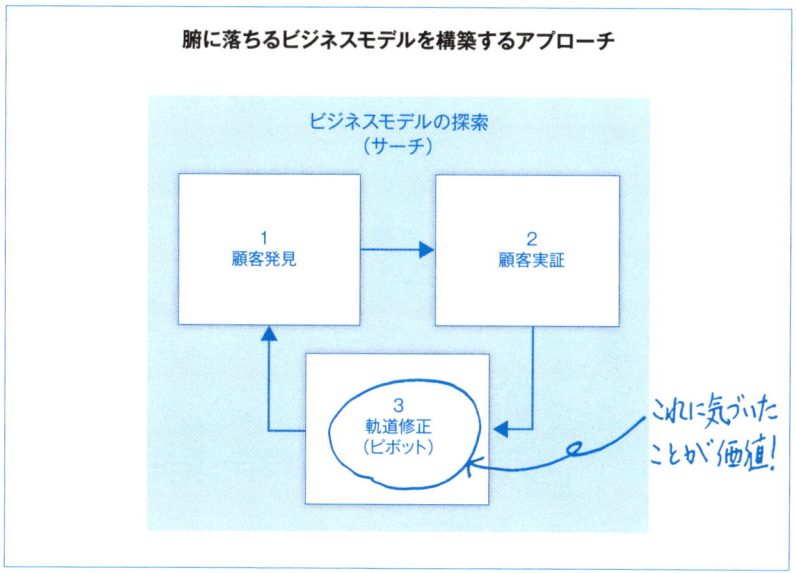

腑に落ちるビジネスモデルを構築するアプローチ

ビジネスモデルの探索
（サーチ）

1 顧客発見 → 2 顧客実証

3 軌道修正（ピボット）

これに気づいたことが価値！

Blank, Steve. "Why the Lean Start-Up Changes Everything." *Harvard Business Review*, May 2013. をもとに作成。

の実証がうまくいかなかった場合には、軌道修正をしてもう一度顧客発見に戻る、というアプローチをとることが、成功するビジネスモデルを構築する1つの要因であると図示しています。

　chart29は、日本でリゾート施設を運営する企業が、アジア富裕層の継続的な利用や投資を呼び込むために企画した視察ツアーの流れを、ビジュアルの類型⑦を模して図解したものです。招待する顧客にどのような体験を提供すればよいのかを、この資料は示しています。一番上の興味のところから始まって、旅を計画し、日本へ向かい、ホテルにチェックインして、休息・食事をとり、現地を視察し、チェックアウトして帰国の途につき、自国でこの体験を話すという流れです。このように体験の流れが切れ目なくつながることが、顧客に気に入ってもらう1つの重要な要素になるということを伝えたものです。

chart 29 シームレスな体験づくり［ビジュアルの類型⑦の例］

アジア富裕層を獲得するために、10のお客様タッチポイントを隙間なくつなぐ
シームレスな体験のデザイン・アイデア

開発投資
（たとえば、リゾート施設）
クチコミ
興味
旅の計画
日本へ
帰国へ
チェックイン
チェックアウト
視察
食事
休息

顧客の立場で描くことがミソ！

　よく、チェックインからチェックアウトまでのプロセスは入念に磨き上げているのに、チェックインの前とチェックアウト以降の体験については、まったく考慮していないと指摘されることがあります。しかしこのときの会議では、日本や日本のリゾート施設に興味を持ってもらう段階から、帰国して日本での体験を周りの人にクチコミで伝える段階までが大切であり、アジアの富裕層を獲得するためにはそれらすべての領域に関与することが成功要因だとわかりました。

　このように、顧客の体験という個々の要素を連鎖論法のビジュアルの類型⑦のカタチで描くことによって、このメッセージを導き出していくのです。

　連鎖論法は事実のつながりをチェーンのように並べた論法であり、ビジュアルの類型⑥や類型⑦のカタチをとるということを覚えてください。

column　**資料のマスターレイアウトはけっして動かさない**

✓ 表紙のひな形

　チームで仕事を進めるとき、資料全体の様式、すなわちマスターレイアウトをそろえることは思った以上に大変な仕事です。プロジェクトリーダーなどチームのまとめ役としてメンバーが作った資料をまとめ上げるときには、その大変さが身にしみるものです。

　会社全体や部門でビジネス資料のマスターレイアウトを統一している組織は多いようです。それでも、新しいメンバー同士でチームを組んだり、新しいメンバーがチームに入ってきたりしたときには、資料のマスターレイアウトがそろっているかどうか、あらためて確認する必要があります。ここでは、ビジネス資料のレイアウトについて、初歩的なことを説明します。

　chart30 は表紙のひな形の例です。表紙に記載する内容は、おおむ

chart 30　表紙のひな形

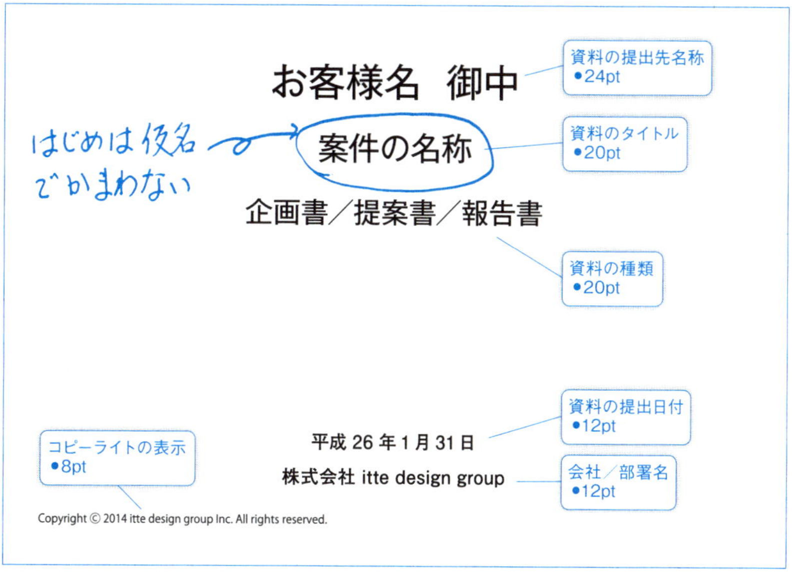

お客様名　御中　　　資料の提出先名称　●24pt

はじめは仮名でかまわない　→　案件の名称　　　資料のタイトル　●20pt

企画書／提案書／報告書　　　資料の種類　●20pt

平成 26 年 1 月 31 日　　　資料の提出日付　●12pt
株式会社 itte design group　　　会社／部署名　●12pt

コピーライトの表示　●8pt
Copyright © 2014 itte design group Inc. All rights reserved.

ビジュアルを論理で裏づけることが重要（基礎編）｜第 2 章　67

ね6つあります。一番上には資料の提出先となる、相手の名前を記載します。たとえば、顧客の会社名や部門名です。次の段には資料のタイトルに相当する、案件や企画の名称を記載します。たとえば「キッズ・エンターテイメント・アカデミー構想の事業化プラン」という具合です。そして次の段には、それが企画書なのか、提案書なのか、報告書なのかという、資料の種類を記載します。

さらに表紙の下方には、資料の提出日付と、資料作成を行った会社名や部署名などが入ります。最下段の左下にはコピーライト（©）の表示を記載します。たとえばCopyright © 2014 itte design group Inc. All rights reserved.のような表記です。

文字の大きさも大切で、表紙のイメージ全体を左右します。見やすく美しい文字のバランスとしては、顧客名は24ポイントぐらい、資料のタイトルとその種類は20ポイントぐらい、提出日付や会社名・部署名は12ポイント程度、コピーライトの表示は8ポイント程度が適切です（なお、本書掲載の各chartでは、見やすさを重視する都合上、注釈や出所、ページ番号、コピーライト表示は省いています）。

✓ 本文のひな形

次にchart31に、ビジネス資料の本文のひな形を示しました。本文にはおおむね6つの要素が記載されます。資料の一番上にはこのページで伝えたいメッセージ、すなわち主張を簡潔に記したメッセージラインが入ります。その下には、資料の内容を説明したタイトルが入ります。たとえば「日本の名目GDPの推移」とか「A社とB社のブレインストーミングのルール」のように資料で使っているコンテンツを説明します。

資料の紙面中央を占めるのが本文のコンテンツです。ここには事実や事例、データなどが記載され、紙面全体の8割ぐらいを占めます。

さらに本文の左下には注釈や、データ・引用文の出所などを記載します。そして紙面の左下にはコピーライト、右下にはページ番号がそれぞれ記載されます。

本文全体のバランスを考えると、文字の大きさもおよそ定まってきます。メッセージラインは20ポイントぐらいが最適です。タイトルは18

chart 31　本文のひな形

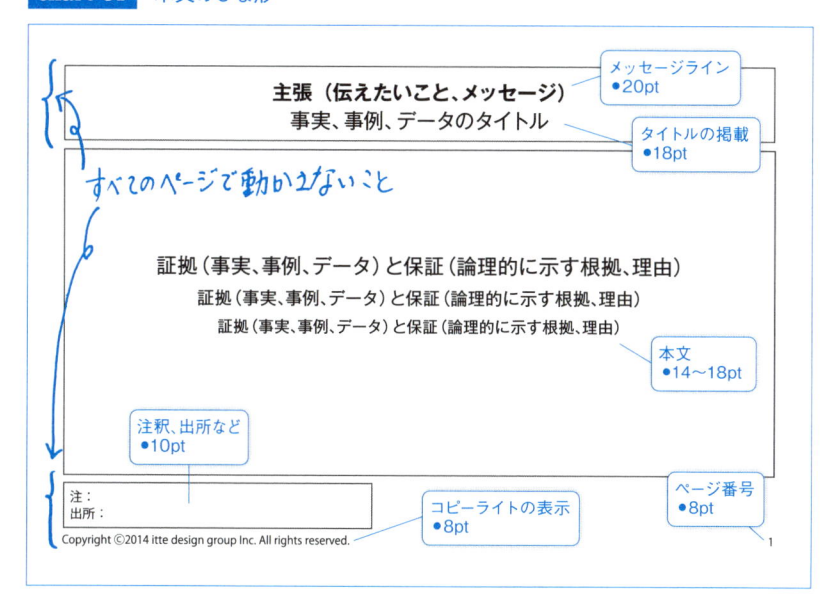

```
                主張（伝えたいこと、メッセージ）          メッセージライン
                   事実、事例、データのタイトル             ●20pt
                                                        タイトルの掲載
                                                         ●18pt

    すべてのページで動かさないこと

         証拠（事実、事例、データ）と保証（論理的に示す根拠、理由）
            証拠（事実、事例、データ）と保証（論理的に示す根拠、理由）
              証拠（事実、事例、データ）と保証（論理的に示す根拠、理由）
                                                          本文
                                                         ●14～18pt

      注釈、出所など
      ●10pt

  注：                                                    ページ番号
  出所：                        コピーライトの表示          ●8pt
  Copyright ©2014 itte design group Inc. All rights reserved.  ●8pt              1
```

ポイントぐらい、本文のコンテンツ部分は14〜18ポイントが適切です。注釈や出所などは10ポイント、コピーライトとページ番号は8ポイントぐらいの文字サイズが適しています。

　本文のコンテンツについては、情報を多く盛り込もうとすると文字量が増え、文字のサイズを小さくしなければ入りきらなくなります。そして当然、文字が小さいと読みづらくなります。ですから、14ポイントから18ポイントの文字サイズを厳守してください。この文字サイズで収まりきらないほど情報が多い場合には、文字のサイズを小さくするのではなく、むしろ情報を削ぎ落として、情報量を減らしてください。14ポイントから18ポイントという読みやすい文字サイズでコンテンツを記載できるぐらいに、不要な情報を削って、簡潔な内容になるよう心がけてください。

　そのほか、表紙と本文のひな形に関して、いくつか注意点を挙げておきます。まず、書体（フォント）の種類ですが、資料全体で統一するこ

とをおすすめします。たまに1枚の資料の中に多くのフォントを混ぜているものを見かけますが、おすすめできません。私はMacを使っていますが、資料全体をヒラギノ角ゴシック体というフォントで統一しています。

また、文字の装飾はほとんどしません。文字の強調や下線付け、色付けなどの機能は、ほぼ使わないと考えてください。また、資料で使う文字色等は、全体をモノトーンで統一します。黒かグレーがよいでしょう。たまにチャートなどを濃い青で色付けすることもありますが、その際もせいぜい2色で資料全体が構成されるようにしてください。

資料を作成していると、強調したいメッセージや大事なデータなどに装飾をほどこしがちです。しかしそれは、ほとんどの場合、ごちゃごちゃして見づらくなるだけです。そういった装飾の「力」を借りなくてもわかる資料を作ることが大前提です。そのうえでどうしても強調したい個所がある場合は、そこを装飾するかどうか後から考えるのが正しいやり方です。

✔ 紙面によってレイアウトがずれないように注意する

みなさんよくご存じのパラパラ漫画では、少しずつ絵がずれて動いているように見えることでメッセージが伝わってきます。もし、ビジネス資料で同じことが起きたらどうでしょうか。顧客に資料を渡して、それを顧客がパラパラとめくっていったときに、ページによってメッセージラインが上下や左右にずれて見えたら、とても読みにくいはずです。あるいは、ページ番号の位置が微妙にずれていればそこが動いて見え、目が行きがちになります。

ビジネス文書で伝えたいことはメッセージであり、それを支えるコンテンツの中身です。それ以外の部分は極力、様式レイアウトを動かさないことが鉄則です。メッセージの書かれている位置、ページ番号の場所、コピーライトの場所などは、1ミリたりともずらさないというぐらいの厳密な心構えが求められます。

それでも私は、ビジネス資料の中に、パラパラ漫画のような動きを取り入れたいと思っています。文書作成ソフトのページの中で動画を再生

するのではありません。メッセージラインにポンチ絵を描いて、それを少しずつ動かしてみると資料全体でメッセージを伝えられる、というような方法です。顧客と相談しながら実現する機会があるかもしれません。

第 3 章

効果的なビジュアルには
周到な論理が隠されている
（応用編）

"Design is not just what it looks like and feels like.
Design is how it works."

（アップル創業者 スティーブ・ジョブズ）

section 11 組織論が好きなマッキンゼーの武器はこれ【結合論法×連鎖論法】

マッキンゼーのプロセス図

　マッキンゼー・アンド・カンパニーとボストン コンサルティング グループ（BCG）はともに、世界的に有名な経営コンサルティング会社です。私がBCGのコンサルタントだったころ、マッキンゼーのコンサルタントと話していて、気づいたことが2つあります。

　1つは、マッキンゼーはロジックをとても大事にするということです。彼らは、「空・雨・傘」というフレームワークを用いて論を展開するように訓練されています。空を見上げると雲が一面に広がっていて雨が降りそうだ。だから傘を持って出かけよう、という論の展開方法です。マッキンゼーのコンサルタントにはこの論法が浸透しているようです。

　2つめは、マッキンゼーのコンサルタントはプロセス図を描くのが好きだ、ということです。彼らのノートや説明資料を見ると、プロセス図が数多く描かれていました。仕事の流れや物事の展開のステップ、あるいは事実が起こる順番などを、プロセス図をにしている様子がとても印象に残っています。

　ここで説明する結合論法と連鎖論法の組み合わせはプロセス図の一種で、マッキンゼーのコンサルタントの大きな武器です。chart32はその要点を簡単にまとめたものです。前章の復習になりますが、結合論法とは、2つ以上の証拠が組み合わさって主張を証明する十分な論拠にな

chart 32　結合論法×連鎖論法

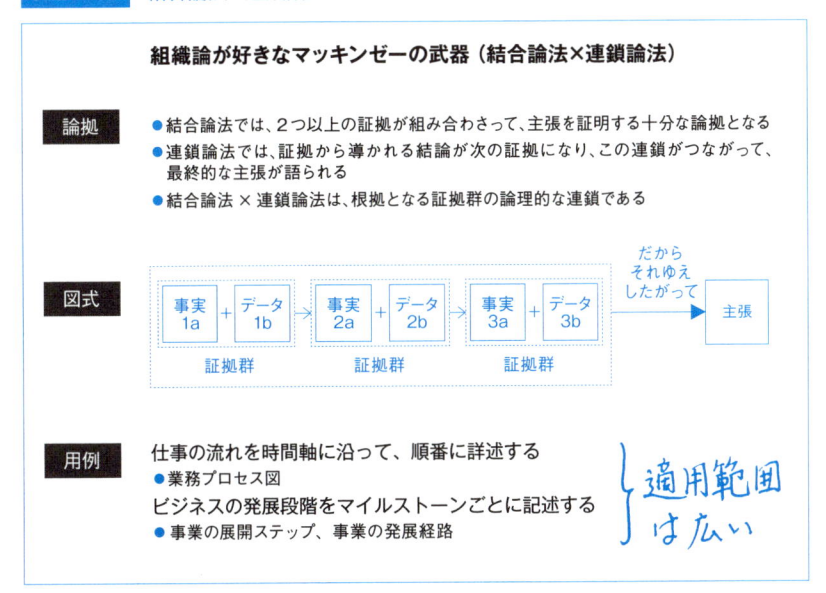

組織論が好きなマッキンゼーの武器（結合論法×連鎖論法）

論拠
- 結合論法では、2つ以上の証拠が組み合わさって、主張を証明する十分な論拠となる
- 連鎖論法では、証拠から導かれる結論が次の証拠になり、この連鎖がつながって、最終的な主張が語られる
- 結合論法×連鎖論法は、根拠となる証拠群の論理的な連鎖である

図式

事実1a ＋ データ1b → 事実2a ＋ データ2b → 事実3a ＋ データ3b → （だから それゆえ したがって）主張

証拠群　証拠群　証拠群

用例
仕事の流れを時間軸に沿って、順番に詳述する
- 業務プロセス図

ビジネスの発展段階をマイルストーンごとに記述する
- 事業の展開ステップ、事業の発展経路

｛適用範囲は広い

るという考えです。

　また連鎖論法では、証拠から結論が導き出され、その結論が次の証拠になり、その証拠から次の結論が導かれ、さらにその結論が次の証拠になるという連鎖によって最終的な主張に結びつきます。

　この結合論法と連鎖論法の組み合わせは、仕事の流れを時間軸に沿って順番に記述する、業務プロセス図を描くときなどに頻繁に使われます。また、ビジネスの発展を物事の節目ごとに記述するとき、すなわち事業の展開のステップや事業の発展経路を示すときにもよく使われます。

　結合論法と連鎖論法の組み合わせは、chart33のビジュアルの類型⑧で表現されます。この図が示すとおり、横軸の順序1、順序2、順序3は連鎖論法の考えに沿い、縦軸の要素a、要素b、要素cは結合論法の分解に相当します。そして横軸の連鎖論法の考えと、縦軸の結合論法の考えを掛け合わせて1枚の資料ができあがります。言い換えれば、要素

chart 33　結合論法×連鎖論法とビジュアルの類型⑧

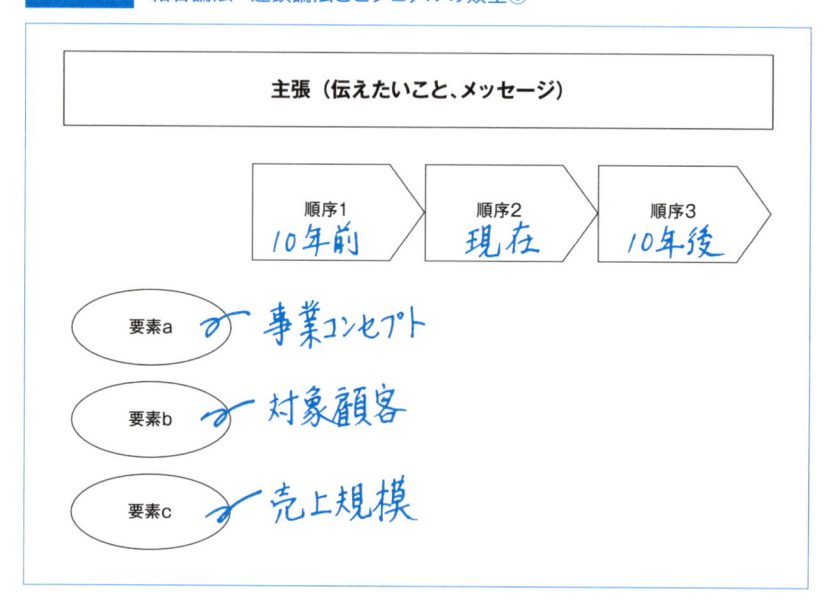

```
┌─────────────────────────────────────────┐
│         主張（伝えたいこと、メッセージ）      │
└─────────────────────────────────────────┘

      順序1        順序2       順序3
     10年前   →   現在    →  10年後

   要素a  → 事業コンセプト

   要素b  → 対象顧客

   要素c  → 売上規模
```

a、要素b、要素cの組み合わせが、順序1、順序2、順序3と連なっていくという描き方です。具体的に見ていきましょう。

業務プロセス図の描き方［ビジュアルの類型⑧］

　chart34は業務プロセス図の基本的な描き方です。横軸は業務の流れであり、時間の経過に伴ってプロセス1、プロセス2、プロセス3、プロセス4と進んでいきます。

　縦軸はそれぞれのプロセスの行動主体を示しています。顧客が一番上に置かれ、組織の中の機能A、機能B、機能Cを担う担当部門や担当者が縦に順番に描かれています。

　このように横軸のプロセスと、縦軸の機能に分けて、それぞれの行動

> **chart 34** 業務プロセス図の描き方［ビジュアルの類型⑧の例］

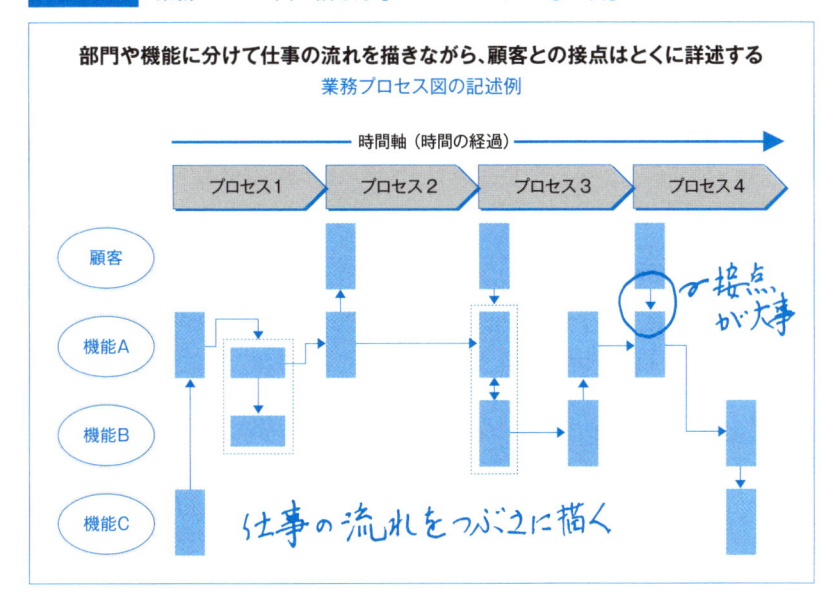

部門や機能に分けて仕事の流れを描きながら、顧客との接点はとくに詳述する
業務プロセス図の記述例

時間軸（時間の経過）→

プロセス1 → プロセス2 → プロセス3 → プロセス4

顧客／機能A／機能B／機能C

○←接点が大事

仕事の流れをつぶさに描く

が行われていく順番、連なっていく順序を描いたものが業務プロセス図です。実務の現場ではとても有効な手法ですので、結合論法×連鎖論法と合わせて覚えてください。

事業展開のスケジュールを1枚で描く［ビジュアルの類型⑧］

chart35はビジュアルの類型⑧の別の例です。これは、キッズ・エンターテイメント・アカデミーの事業展開スケジュールを描いたものです。

横軸は事業の準備段階からの発展形態を示しています。スクールの開校準備を行い、事業を開始し、まずは東京スクールを開校して、その後は別の地域でも順次開校し、ゆくゆくは海外での開校を目指すという、事業の多面的な展開を考えていることが示されています。

chart 35　事業展開スケジュール［ビジュアルの類型⑧の例］

「キッズ・エンターテイメント・アカデミー」の事業展開スケジュール

	2013年度 10月〜3月	2014年度 4月〜3月	2015年度	2016年度	2017年度	2018年度
フェーズ	開校準備	事業開始	スクールとしての発展		アカデミーとしての多面展開	
マイルストーン	▲準備室発足	▲事業会社設立	▲東京スクール開校		▲大阪／福岡 スクール開校	▲アジアでの スクール開校
対象者	営業開始	キッズから開始	首都圏のジュニアとティーン 首都圏でのキッズシェア1位をねらう		中核都市のジュニアとティーン、キッズの囲い込み	
コース内容	キッズコースの設計	キッズレッスンスクール準備	ジュニア／ティーン向けスクール 夜間、土日スクール プログラムの基盤確立		東京スクールモデルの横展開 インストラクターの養成コース	
事業目標		売上高 3,000万円	売上高5億円 (単年度黒字化)		売上高15億円 (累損解消)	

　縦軸はそれぞれの発展プロセスにおいて、顧客は誰で、どのような教育コンテンツを提供して、事業目標つまり売上高をどの程度にするのか、という3つの要素が書かれています。スクールの対象者である顧客が、首都圏のキッズから始まり、その後ジュニアやティーンに広がり、さらに中核都市のキッズやジュニア、ティーンに拡大され、その後にはアジア各国へと広がっていく様子がわかります。

　コースの内容もそれに合わせて、まずはキッズコースから始め、その次にジュニアやティーンのスクールへと拡大していきます。このような事業拡大に伴って、事業の売上目標も、3000万円から5億円、15億円、それ以上へと拡大していきます。

　このように結合論法×連鎖論法は、事業の大きな展開を資料1枚で表現するときに有効な手段となります。

section 12

対立する見解Ａと見解Ｂを提示するときはこれを使う【対立論法】

対立論法は２つの相反する見解を示す

いまの日本のホットなテーマでもある「憲法改正に賛成する人と反対する人のディベート」は対立論法で表されます。対立論法は chart36

chart 36　対立論法

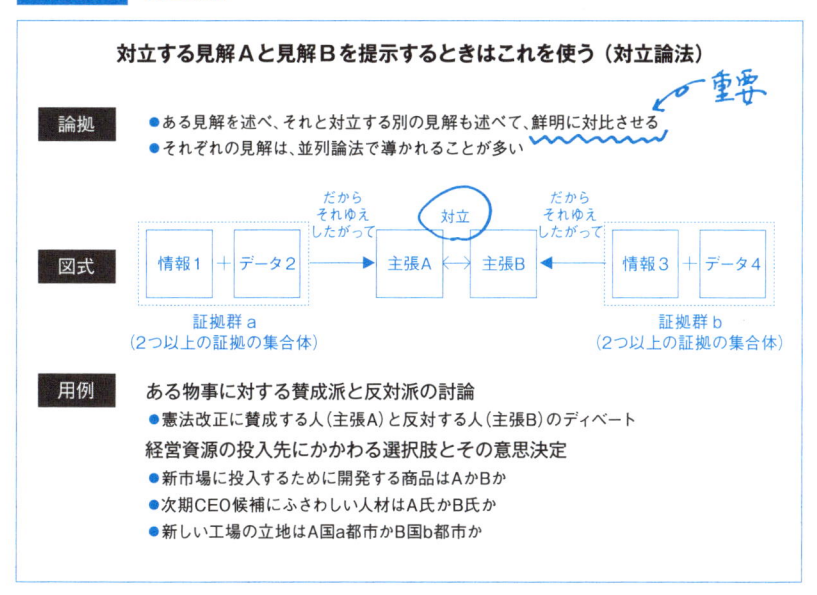

対立する見解Ａと見解Ｂを提示するときはこれを使う（対立論法）

論拠
- ある見解を述べ、それと対立する別の見解も述べて、鮮明に対比させる　〇重要
- それぞれの見解は、並列論法で導かれることが多い

図式

情報1 ＋ データ2 → （だからそれゆえしたがって）主張A ←対立→ 主張B ← （だからそれゆえしたがって）情報3 ＋ データ4

証拠群 a（２つ以上の証拠の集合体）　　証拠群 b（２つ以上の証拠の集合体）

用例　ある物事に対する賛成派と反対派の討論
- 憲法改正に賛成する人（主張A）と反対する人（主張B）のディベート

経営資源の投入先にかかわる選択肢とその意思決定
- 新市場に投入するために開発する商品はAかBか
- 次期CEO候補にふさわしい人材はA氏かB氏か
- 新しい工場の立地はA国a都市かB国b都市か

効果的なビジュアルには周到な論理が隠されている（応用編）｜第3章　79

にまとめてあるように、ある見解を述べ、それとは対立する見解を述べて、2つの見解を鮮明に対比させる方法論のことです。図式の項には、並列論法で導かれた主張Aと、別の主張Bが対立していることが示されています。「賛成派と反対派のディベート」のようなケース以外にも、経営の分野においては、「経営資源の投入先にかかわる選択肢」を評価・判断する際に使われることも多くなっています。

たとえば、人材や資金が限られているときに新市場に投入するために開発する商品はAなのかBなのか、次期のCEO候補にふさわしい人材はA氏かB氏か、あるいは新しい工場の立地はA国がよいのかB国がよいのか、といった意思決定は対立論法を使って判断されます。

chart37には、この対立論法に対応するビジュアルの類型⑨を描いています。ここでは見解Aと見解Bが対比されています。そして、それぞれの見解には証拠が述べられています。このときそれぞれの見解A

chart 37　対立論法とビジュアルの類型⑨

主張（伝えたいこと、メッセージ）

見解A	見解B
証拠a1	証拠b1
証拠a2	証拠b2
証拠a3	証拠b3

対立するから共通点はない

や見解Bは、並列論法や結合論法によって論を組み立てられることが多くなります。

2 大対立軸を比較する［ビジュアルの類型⑨］

chart38は対立論法に対応したビジュアルの類型⑨の典型的な例です。ここでは経営学における大テイラー主義の主張と大メイヨー主義の主張が対比されています。このような比較対照には、対立論法が適しています。

今日の経営学に連なる近代マネジメント思想の出発点は、大テイラー主義と大メイヨー主義に求められます。この2つの考えはともに、20世紀初頭の経営実務の現場での、実践的な実験から導き出されたもので

chart 38　大テイラー主義と大メイヨー主義［ビジュアルの類型⑨の例］

大テイラー主義はポジショニング論の源流、大メイヨー主義はケイパビリティ論の源流である

	大テイラー主義	大メイヨー主義
創始者	フレデリック・ウィンズロー・テイラー（1856〜1915）	ジョージ・エルトン・メイヨー（1880〜1949）
主義／主張	定量分析を重視 ●企業活動は、定量的分析法や定型的計画法で解決できる	人間対話を重視 ●企業活動は、人間的側面が重く、定量情報より定性情報が大切である
研究内容	ショベル作業の研究（ベスレヘム・スチール） 『科学的管理法の原理』（1911）	ミュール実験（ミュール紡績部門） ホーソン実験（ウェスタン・エレクトリック）
後世への影響	ヘンリー・フォードのフォード生産システム ●時間・動作分析／標準化・マニュアル化／分業化／流れ作業	人間関係論 ●モチベーション／リーダーシップ／カウンセリング／職場提案／小集団活動／学習する組織
	ポジショニング論へ	ケイパビリティ論へ

Taylor, W. Frederic. "The Principles of Scientific Management." 1911. と、Mayo, Elton. "Hawthorne and the Western Electric Company." 1945. を参考に作成。

す。にもかかわらず、両者が拠り所とする主義・主張が大きく異なっている点が興味深いところです。

大テイラー主義の創始者は、フレデリック・テイラーです。彼は生産工場の現場で、作業の標準化や科学的な管理方法について研究しました。彼の主張は定量分析を重視したもので、「企業の活動は定量的分析法や定型的計画法で解決できる」としています。この考えは後のフォード生産システムなどに発展し、今日の経営学のポジショニング論につながっています。

一方、大メイヨー主義の創始者は、ジョージ・エルトン・メイヨーです。彼も紡績工場や電機工場で実証実験を繰り返しましたが、そのとき職場の中での対話の重要性に気づきました。それゆえ彼の主張は、「企業活動は人間的側面が重く、定量情報より定性情報が大切である」とするものです。したがって、職場の中での人間同士の対話を円滑にすることが、結果として生産性に影響するという主張を展開しました。彼の考えは、今日の経営学のケイパビリティ論につながっており、モチベーションやリーダーシップ、カウンセリング、職場提案、小集団活動、学習する組織などは、すべてメイヨーを源流としているといえます。

このように、大きな事象で全体としては比較しにくい場合でも、側面ごとの対立軸を明確にしていくことによって、比較対照がスムーズに行えます。

経営者と管理者は大違い［ビジュアルの類型⑨］

企業では、経営者の人選はとても大きな経営課題です。近年の日本の電機業界を眺めてみても、会社を窮地に陥れてしまうような経営者もいれば、業績をV字回復させる優れた経営者もいます。

このような経営者の資質に関して面白い議論があります。神戸大学の三品和広教授による、経営者の資質と管理者の資質の対比分析です。

| chart 39 | 経営者と管理者の違い［ビジュアルの類型⑨の例］ |

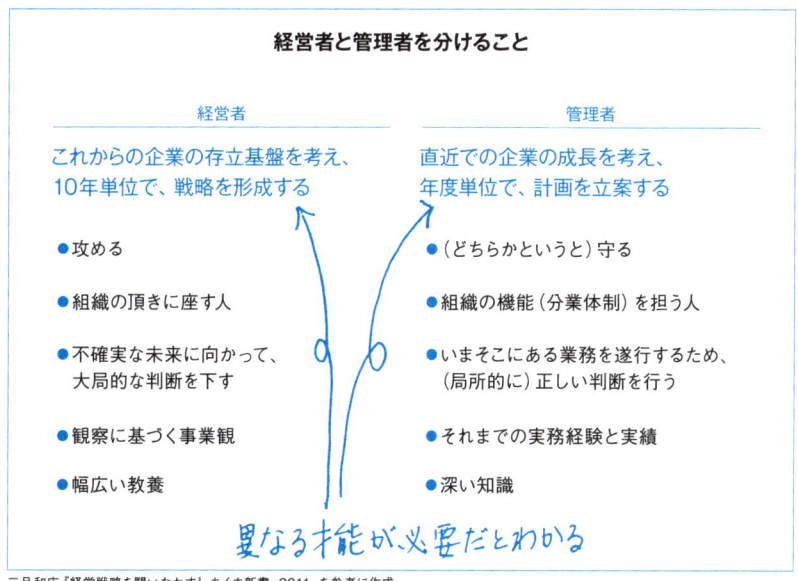

経営者と管理者を分けること

経営者	管理者
これからの企業の存立基盤を考え、10年単位で、戦略を形成する	直近での企業の成長を考え、年度単位で、計画を立案する
●攻める	●（どちらかというと）守る
●組織の頂きに座す人	●組織の機能（分業体制）を担う人
●不確実な未来に向かって、大局的な判断を下す	●いまそこにある業務を遂行するため、（局所的に）正しい判断を行う
●観察に基づく事業観	●それまでの実務経験と実績
●幅広い教養	●深い知識

（手書き）異なる才能が必要だとわかる

三品和広『経営戦略を問いなおす』ちくま新書, 2011. を参考に作成。

chart39 は対立論法のビジュアルの類型⑨に沿って、経営者と管理者の違いを対比させたものです。

　経営者とは、これからの企業の存立基盤を考え、10年単位で戦略を形成できるような人材です。攻める姿勢を持って組織の頂きに座する人物であり、不確実な未来に向かって、大局的な判断を下すことができなくてはなりません。そして、観察を大事にする事業観を持ち、それを支える幅広い教養を身につけているのが理想的な経営者像です。

　一方、管理者とは、短い時間軸で企業の成長を考え、年度単位で計画を立案する人材です。どちらかというと守りの姿勢で、組織の中では一部の機能を分業体制下で担います。また、その時々の目の前の業務を遂行するために、局所的に正しい判断を行うことが常です。そのため実務経験と実績がものをいい、自分の業務分野に対する深い知識を持った人

材が管理者であるといえます。

　この議論は、経営者と管理者のどちらがよいとか、優れているとかいう議論ではありません。経営者に求められる資質と管理者に求められる資質は根本的に異なるということが要点です。それをわかりやすく対比させるには、chart39のように書き起こしたビジュアル類型⑨が有効なのです。

section 13

複数の戦略を比べるときの王道はこれ
【比較論法】

比較論法は複数の選択肢のよしあしを比べる

chart40に比較論法の要点を整理しました。比較論法とは、ある見解と、それとは別の見解を提示したうえで、類似する点、相違する点を

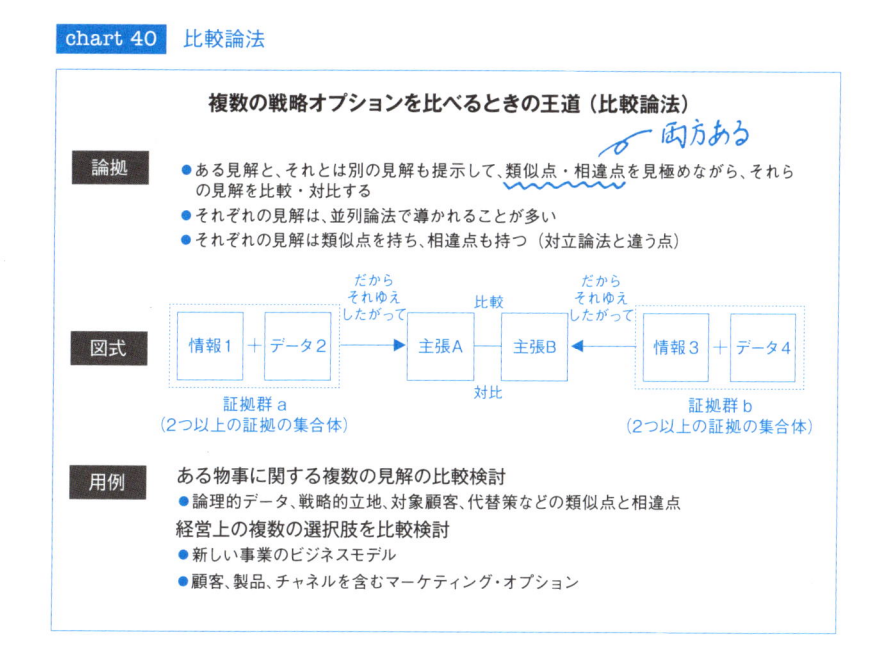

chart 40　比較論法

複数の戦略オプションを比べるときの王道（比較論法）

論拠
- ある見解と、それとは別の見解も提示して、類似点・相違点を見極めながら、それらの見解を比較・対比する（両方ある）
- それぞれの見解は、並列論法で導かれることが多い
- それぞれの見解は類似点を持ち、相違点も持つ（対立論法と違う点）

図式

情報1 + データ2 → 主張A ←比較/対比→ 主張B ← 情報3 + データ4
（だから・それゆえ・したがって）　　　　　　　　（だから・それゆえ・したがって）

証拠群a（2つ以上の証拠の集合体）　　　証拠群b（2つ以上の証拠の集合体）

用例
ある物事に関する複数の見解の比較検討
- 論理的データ、戦略的立地、対象顧客、代替策などの類似点と相違点

経営上の複数の選択肢を比較検討
- 新しい事業のビジネスモデル
- 顧客、製品、チャネルを含むマーケティング・オプション

効果的なビジュアルには周到な論理が隠されている（応用編）｜第3章　85

見極めながら2つの見解を比較・対比する考えです。section12の対立論法が結論の異なる対立見解を提示するのに対して、比較論法で提示する2つの見解には類似点も相違点もあります。

経営実務の現場では、新しい事業のビジネスモデルが複数提示され、それらを比較するときに用いられます。また顧客、製品、チャネルを含むマーケティング・オプションの比較検討などにも使われます。この比較論法に対応するビジュアルの類型は2つあります。それぞれ順番に見ていきましょう。

ビジネスモデルを比較する［ビジュアルの類型⑩］

chart41は比較論法に対応するビジュアルの類型⑩です。ここでは

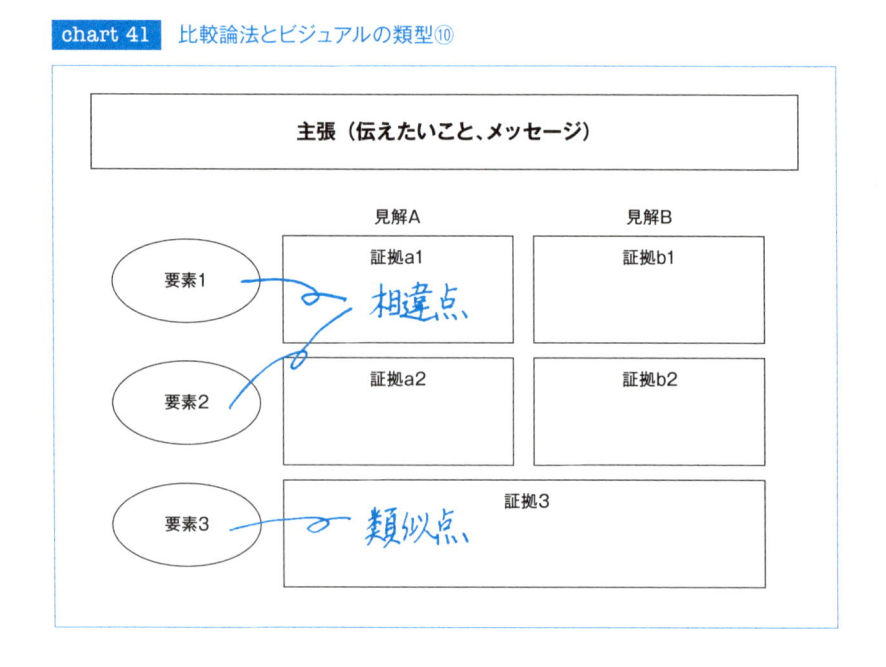

chart 41 比較論法とビジュアルの類型⑩

```
┌─────────────────────────────────────────────┐
│         主張（伝えたいこと、メッセージ）              │
└─────────────────────────────────────────────┘

              見解A           見解B
   ┌───┐   ┌─────────┐   ┌─────────┐
   │要素1│   │ 証拠a1   │   │ 証拠b1   │
   └───┘   │         │   │         │
              └─────────┘   └─────────┘
                    相違点

   ┌───┐   ┌─────────┐   ┌─────────┐
   │要素2│   │ 証拠a2   │   │ 証拠b2   │
   └───┘   └─────────┘   └─────────┘

   ┌───┐   ┌───────────────────────┐
   │要素3│   │        証拠3           │
   └───┘   │       類似点           │
              └───────────────────────┘
```

見解Aと見解Bが比較されていますが、要素1と要素2に関しては見解Aと見解Bに相違点があり、要素3については類似していることが図示されています。このように類似点と相違点があるときに用いられるのがビジュアルの類型⑩です。

具体例を見てみましょう。chart42はITサービス企業のビジネスモデルを比較したものです。ITサービス企業のビジネスは、ほぼ10年周期で変化が見られます。1980年代はシステム・インテグレーションのビジネスが主流でした。その後90年代に入ってアウトソーシングというサービス形態が登場し、今日ではクラウドという形態のビジネスが発展しています。

これら3つのITサービス企業のビジネスモデルを比較したのがこの資料です。システム・インテグレーションのビジネスモデルでは、BtoC企業が所有するシステムに対して、ITサービス企業が開発能力を

chart 42　ITサービス企業のビジネスモデル比較 [ビジュアルの類型⑩の例]

BtoB企業にとってもクラウド時代の主役は利用者や消費者である

ITサービス企業の3つのビジネスモデル　ここでは3つを比較

システム・インテグレーション	アウトソーシング	クラウド
顧客（利用者／消費者） ↑製品／サービスの価値　↓収入（商品／サービス） BtoC企業（システム所有） ↓ITシステムの開発能力　↑開発コスト ITサービス企業	顧客（利用者／消費者） ↑商品／サービスの価値　↓収入（商品／サービス） BtoC企業 ↓ITシステムの開発能力　↑システムの利用料 ITサービス企業（システム所有）	顧客（利用者／消費者） ↑商品／サービス及びシステムの利用価値　↓収入（商品／サービス） BtoC企業 ↓システムの利用価値　↑収入の○％〜○％ ITサービス企業（システム所有）

提供し、その対価として開発コストを受け取るというのが基本的なモデルでした。

次のアウトソーシングのビジネスモデルでは、大きく2つの点が変わりました。1つはシステムの所有者がBtoC企業からITサービス企業に移ったことです。もう1つはITサービス企業が得る対価が、開発コストからシステムの利用料に変化したことです。

さらにクラウドのビジネスモデルに発展すると、ITサービス企業が提供するサービスと受け取る対価の2つが変わります。ITサービス企業が提供する価値は、BtoC企業の顧客である利用者や消費者にとっての利用価値に変わりました。そして彼らが獲得する対価は、BtoC企業が利用者や消費者から得る収入とより密接に連動し、その何％かを受け取る、という収益モデルに変わりました。

今日でも多くのITサービス企業は、システム・インテグレーション、アウトソーシング、クラウドのすべてのサービスを提供しています。しかし、3つのビジネスモデルの成功のポイントは異なっています。このような比較を行うときには比較論法が有効であり、その際にはビジュアルの類型⑩が使われます。

顧客中心論とポジショニング論とケイパビリティ論をベン図で描く【ビジュアルの類型⑪】

比較論法のもう1つの描き方は、chart43に示したビジュアルの類型⑪で、これは一般的に「ベン図」と呼ばれています。見解Aにかかわる証拠群aが見解Aの円の中に描かれ、見解Bは別の円で示されています。2つの円の重なる部分が共通する事項であり、重なっていない部分がそれぞれの見解の独自の主張で、見解Aと見解Bの相違点を示します。

chart44で具体例を見てみましょう。ここには3つの円が描かれており、ビジュアルの類型⑪の変形といえます。内容は今日の経営学のキーワードである、ポジショニング論、ケイパビリティ論、顧客中心論を比

chart 43 比較論法とビジュアルの類型⑪

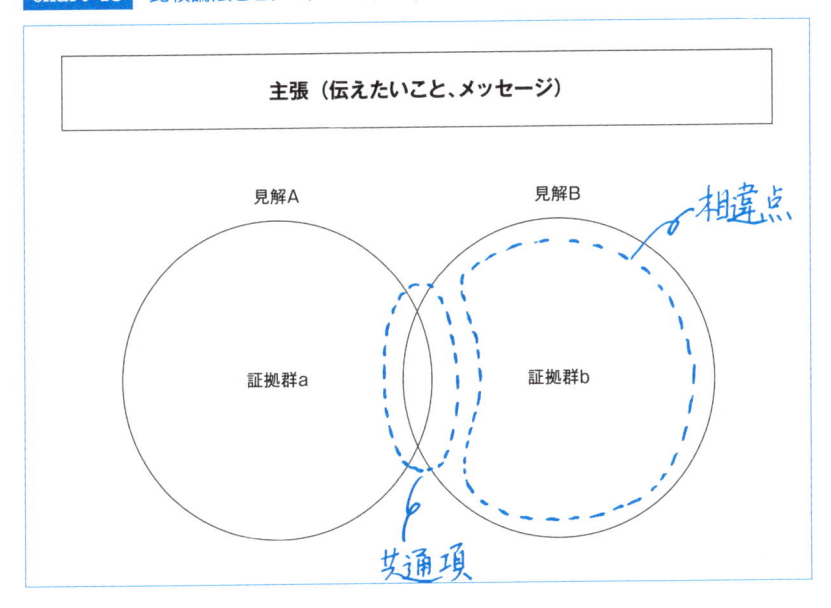

主張（伝えたいこと、メッセージ）

見解A　見解B

証拠群a　証拠群b

相違点

共通項

chart 44 顧客中心論とポジショニング論とケイパビリティ論［ビジュアルの類型⑪の例］

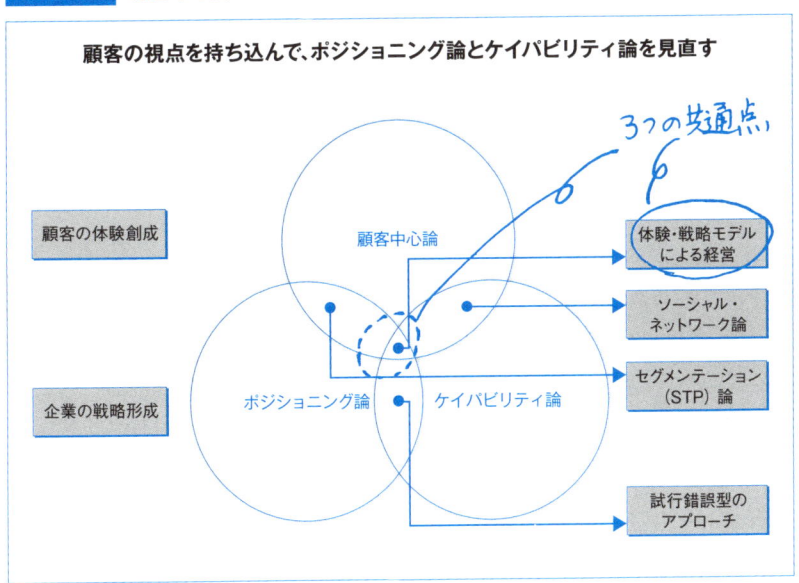

顧客の視点を持ち込んで、ポジショニング論とケイパビリティ論を見直す

顧客の体験創成
企業の戦略形成

顧客中心論
ポジショニング論　ケイパビリティ論

体験・戦略モデルによる経営
ソーシャル・ネットワーク論
セグメンテーション（STP）論
試行錯誤型のアプローチ

3つの共通点

効果的なビジュアルには周到な論理が隠されている（応用編）｜第3章

較するものです。

　ポジショニング論ではマイケル・ポーターの競争戦略が有名ですが、そこでは業界構造の視点から、企業が競争優位を獲得する戦略形成について論じています。一方、ケイパビリティ論ではジェイ・バーニーらが主張する「リソース・ベースド・ビュー（RBV）」が有名です。こちらは企業内部の資源の視点から、企業が競争優位を確立するための戦略を論じています。

　この２つの代表的な戦略形成論に顧客中心論を加えてあるところが、このチャートの特徴です。顧客中心論とは、顧客の視点から企業の戦略を見直すという考えです。そして、これら３つの円が重なる中央の部分には、「体験・戦略モデルによる経営」と記載されています。

　この資料は、顧客の体験から導かれる企業の戦略という新たな戦略形成の方法論を提示しようとしているのです。この例のように複数の主張を比較するときに、ベン図を使うと効果的です。

section 14

戦略ポジショニングが得意なBCGはマトリクスを多用する
【対立論法×比較論法】

BCGのマトリクス

　section11では、マッキンゼーのコンサルティングの特徴を簡単に述べましたが、BCGのコンサルティングにも2つの特徴があります。1つは、事実を証明するために徹底的に数値データとその分析にこだわるという点です。もう1つはマトリクスを多用することです。BCGのコンサルタントはマトリクスを描いて物事を分類したり、整理したりするのが得意です。

　chart45では対立論法×比較論法を説明しています。これまで解説してきたように、対立論法は複数の見解を鮮明に対立させるもので、比較論法は類似点も相違点もある複数の見解を比較するためのものです。そしてこの2つを組み合わせた論法が対立論法×比較論法なのです。

　この論法では、対立する見解と相違する見解を同居させることで、より深い含意を引き出そうと考えます。たとえば、BCGの有名なプロダクト・ポートフォリオ・マネジメント（通称BCGマトリクス）はその典型例です。またケネス・アンドルーズが事業の強みと弱み、機会と脅威を分析するために開発したSWOT分析も、この論法を使っています。

chart 45　対立論法×比較論法

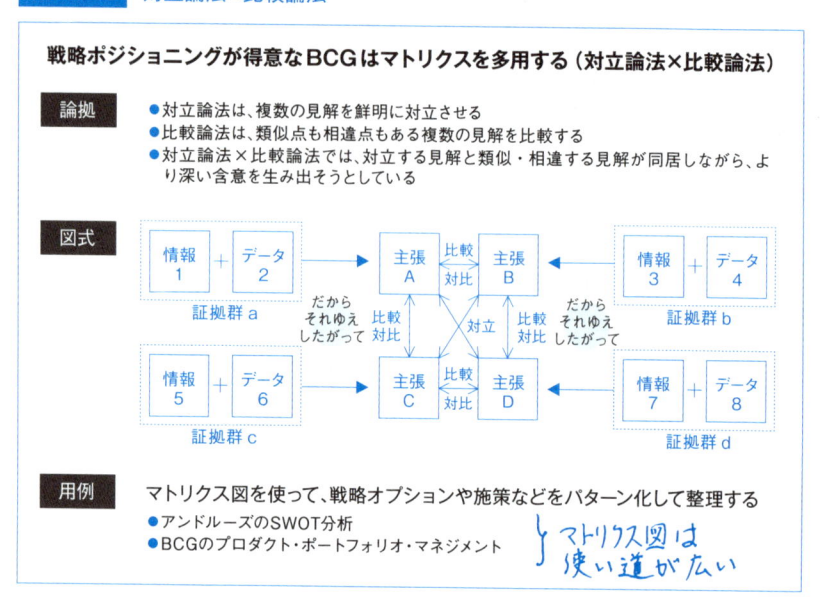

戦略ポジショニングが得意なBCGはマトリクスを多用する（対立論法×比較論法）

論拠
- 対立論法は、複数の見解を鮮明に対立させる
- 比較論法は、類似点も相違点もある複数の見解を比較する
- 対立論法×比較論法では、対立する見解と類似・相違する見解が同居しながら、より深い含意を生み出そうとしている

図式

情報1 + データ2 → 主張A ⇔(比較対比) 主張B ← 情報3 + データ4
　証拠群a　　　　　　　　　　　　　　　　　　　　　　証拠群b
　　　　だからそれゆえしたがって　比較対比／対立／比較対比　だからそれゆえしたがって

情報5 + データ6 → 主張C ⇔(比較対比) 主張D ← 情報7 + データ8
　証拠群c　　　　　　　　　　　　　　　　　　　　　　証拠群d

用例　マトリクス図を使って、戦略オプションや施策などをパターン化して整理する
- アンドルーズのSWOT分析
- BCGのプロダクト・ポートフォリオ・マネジメント

（手書き）マトリクス図は使い道が広い

イノベーション・マトリクスで製品を分類する［ビジュアルの類型⑫］

chart46は対立論法×比較論法に対応するビジュアルの類型⑫です。多くの場合、ビジュアルの類型⑫は縦と横で要素を分解してマトリクスの形で示されます。漢字の「田」に似ていることから「田の字マトリクス」といわれることもあります。

chart47のイノベーション・マトリクスは、ビジュアルの類型⑫の典型例です。横軸では顧客を既存顧客と新規顧客に分け、縦軸では商品を既存と新規に分けています。左下の既存顧客と既存商品が交わるところは、自動車のモデルチェンジなど、漸進的改善型の商品が入る領域です。左上は既存顧客に対する新規商品の提供で進化的拡張型と分類できるでしょう。一方、右下は新規顧客に対する既存商品の提供で進化的適応の

chart 46 対立論法×比較論法とビジュアルの類型⑫

主張（伝えたいこと、メッセージ）

- Y2: 証拠X1Y2 ／ 証拠X2Y2
- Y1: 証拠X1Y1 ／ 証拠X2Y1
- 要素Y
- 要素X（X1、X2）

対立：証拠X1Y1 ↔ 証拠X2Y2
比較：証拠X2Y2 ↔ 証拠X2Y1

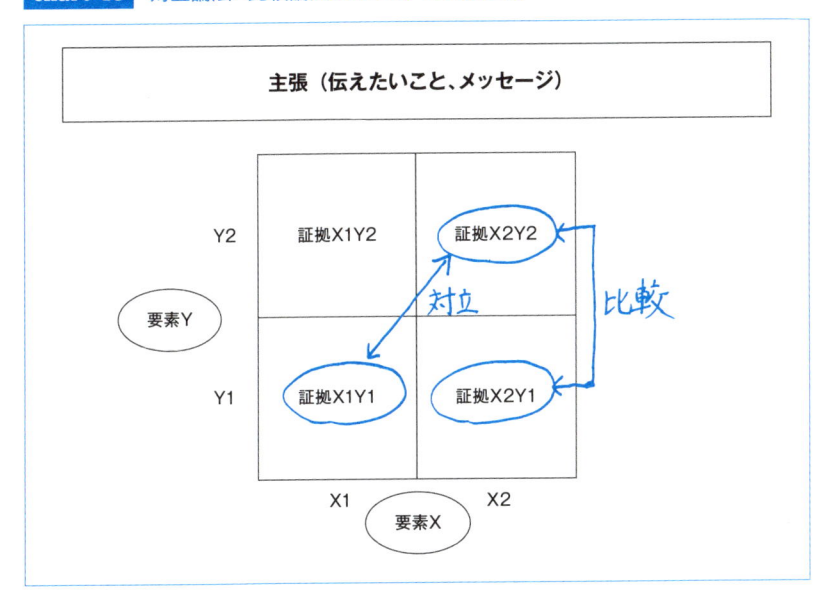

chart 47 イノベーション・マトリクス［ビジュアルの類型⑫の例］

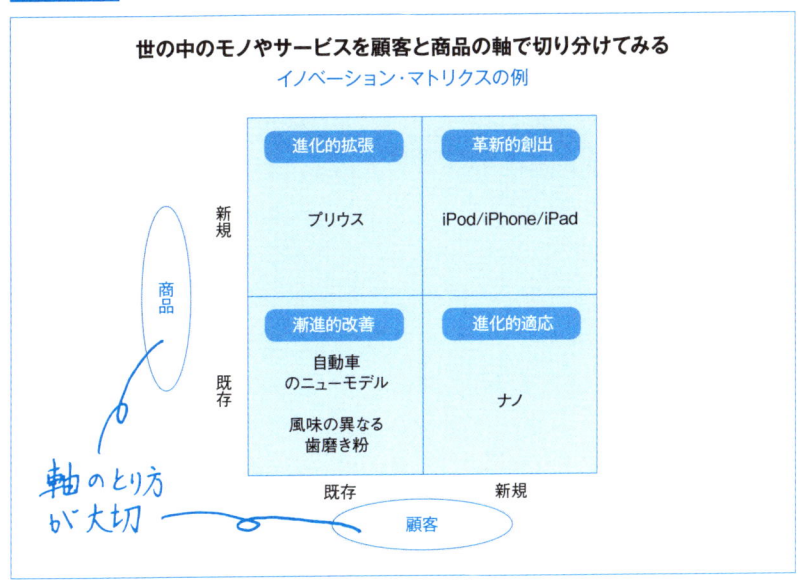

世の中のモノやサービスを顧客と商品の軸で切り分けてみる
イノベーション・マトリクスの例

商品＼顧客	既存	新規
新規	進化的拡張：プリウス	革新的創出：iPod/iPhone/iPad
既存	漸進的改善：自動車のニューモデル、風味の異なる歯磨き粉	進化的適応：ナノ

軸のとり方が大切

ティム・ブラウン『デザイン思考が世界を変える』早川書房、2010. を参考に作成。

領域です。右上は最も革新的な領域で、新規顧客に新規商品を提供する革新的創出に分類されます。

　このように顧客と商品の軸で4つの領域に分解してあることが、このマトリクスの要点です。すなわち左下の漸進的改善領域の商品と、右上の革新的創出領域の商品は対立しています。顧客の軸でも商品の軸でも共通せず、対立論法で語られているといえます。同じように左上の進化的拡張領域と右下の進化的適応領域も対立論法です。

　一方で、商品を既存の領域に固定すると、既存の顧客に提供する漸進的改善と、新規の顧客に提供する進化的適応は、比較論法に相当するといえます。同じように左上の進化的拡張と右上の革新的創出でも、比較論法が用いられています。このように縦と横で異なる軸を定めたマトリクスを描くと、そこには対立論法と比較論法が隠れていることがわかります。

　たとえば、アップルの〈iPod〉は革新的創出の成功例です。新規の商品コンセプトを描き出し、新しい顧客を生み出しました。自分の音楽ライブラリーを自由に、いつでもどこへでも持ち運べるというのが商品コンセプトです。その結果、家の中だけでなく外出先でも音楽を楽しむ新しい顧客層を生み出したのです。

　進化的拡張領域に位置づけられる〈プリウス〉も成功例でしょう。ハイブリッド車という新しい商品をつくり出すことによって、既存のガソリン車やディーゼル車に乗っていた顧客に、新しいコンセプトカーへの乗り換えを促しました。

　一方、右下の進化的適応に位置づけられているタタ・モーターズの〈ナノ〉は、成功の判断が難しいところです。既存のこなれた自動車開発技術を使い、これまで自動車に手が届かなかった人たちに低価格の車を提供する、という目標は崇高なものでした。しかし、最近タタ・グループのラタン・タタ名誉会長が、「ナノは10万ルピー程度で売り出したが、発火事故などが相次いで、結果として貧困層向けの粗末な車というイメージが定着してしまった。これは世界最安戦略の失敗だった」と

コメントしています。そこでタタは〈ナノ〉の戦略を見直し、都市部の若者にねらいを絞り、24万ルピー程度で購入できる新モデルを発表しました。

　進化的拡張のプリウスと対比したときに、既存の商品技術で新しい顧客を開拓したナノの失敗には、意味深いものがあります。

　このようにビジュアルの類型⑫を用いた対立論法×比較論法は、活発な議論を引き出す土壌となりえます。分類された4つの領域をそれぞれ解釈して説明することもできますし、その中の2つの領域を取り上げて比べることもできます。また、4つの領域間で経営資源の配分を意思決定するときの素材ともなります。さらに、現状で左下の領域に軸足があるとすれば、その領域からの発展の方向、上なのか右なのか右上なのかを見極めるときの材料にもなります。

第4章

相手を説得するロジックは人類最高の知恵

"That's one small step for a man, one giant leap for mankind."

（宇宙飛行士 ニール・A・アームストロング）

section 15

証拠と主張と保証の密接な関係

何々がある、だから何々だ、なぜなら何々だからだ

　ビジネスの世界で役に立つ議論の構造は実にシンプルです。その流れは、「何々がある」「だから何々だ」「なぜなら何々だからだ」の3つだ

chart 48　ロジックの構成要素

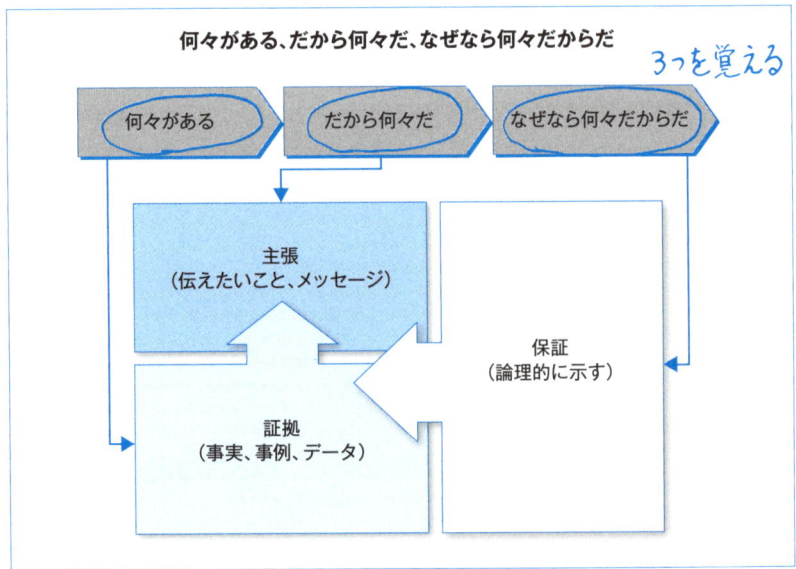

何々がある、だから何々だ、なぜなら何々だからだ

何々がある　→　だから何々だ　→　なぜなら何々だからだ

3つを覚える

主張
（伝えたいこと、メッセージ）

↑

証拠
（事実、事例、データ）

保証
（論理的に示す）

多くの人にとって自明の場合には、保証は明示的に記述されないことがある。その場合でも頭の中では、「なぜなら何々だからだ」を考えておくことが大切。Toulmin, Stephen Edelstm, *The Uses of Argument*. Cambridge University Press, 2008. を参考に作成。

けです。

　この人類の知恵ともいえる議論の構造を分析したのは、イギリス生まれの現代哲学者であるスティーヴン・トゥールミンです。彼の論理の組み立て方はトゥールミン・モデルとして知られています。彼は実社会で行われているディベートや演説、説得など、さまざまな議論の形態を分析して提示しました。

　このトゥールミン・モデルを簡単に図式すると、chart48のようになります。すなわち、証拠、主張、保証の３つの要素で表せます。ここで示すように、「何々がある」が証拠で、「だから何々だ」が主張です。そして「なぜなら何々だからだ」が保証に相当します。いうまでもなく、これは本書のドキュメンテーションキャンバスにおけるロジックのステップに相当します。

　たとえば、第2章のchart13（再掲）で考えてみましょう。P&Gも

chart 13　ブレインストーミングのルール［ビジュアルの類型②の例］（再掲）

アイデアを引き出す方法論として、ブレインストーミングにはルールがある ← 主張
P&GとIDEOのブレインストーミングのルール

P&Gのルール
1. ファシリテーターを用意する
2. うまいテーマ設定を準備する
3. 肩の力を抜く
4. リーダーは従う
5. 誰もが貢献できるようにする
6. アイデアを記録しておく
7. 次にどうすればよいか、先を考える
8. 小道具を使う
9. 一歩外に踏み出す
10. ルールに従う

IDEOのルール
1. 判断を控えよ
2. 数を出せ
3. 一度に１人ずつ話をせよ
4. 視覚化して表現せよ
5. 見出しをつけよ
6. 他人のアイデアに乗っかれ
7. 本題から逸れないようにせよ
8. 突飛なアイデアを大事にせよ

↑ ２つの証拠

P&Gのルールは、A・G・ラフリー、ラム・チャラン『ゲームの変革者―イノベーションで収益を伸ばす』日本経済新聞出版社、2009. を参考にし、IDEOのルールは、トム・ケリー、ジョナサン・リットマン『発想する会社！―世界最高のデザイン・ファームIDEOに学ぶイノベーションの技法』早川書房、2009. を参考にして作成。

相手を説得するロジックは人類最高の知恵 ｜ 第4章　99

IDEOもブレインストーミングの独自ルールを持っている（2つの証拠）、だからブレインストーミングを効果的に活用するためには、自分の会社に合ったルールを定めることが必要だ（主張）、なぜならP&GもIDEOも、それぞれ独自のルールに従いながら、ブレインストーミングをビジネスに有効活用している企業だからだ（保証）、というロジックになります。

　ただし、保証の部分は明示されないこともあるので注意してください。たとえば、第2章のsection7で例示した「信号機が赤である。だから横断してはならない」というようなケースの場合、暗黙的な社会のルールである「赤信号では交差する道路が優先する」という保証はふつう示されません。ただし、そのような場合でも、「なぜなら何々だからだ」という理由は頭の中で考えておくことが大切です。

ロジックを明らかにする3つの質問

　ロジックを考えるときや、ロジックの確からしさを確認するときに役立つ3つの質問があります。

①伝えたい結論は何なのか
②その結論を支える根拠は何なのか
③その結論はその根拠から合理的に導くことができるのか

　これらの質問では、主張、証拠、保証の3つが明確であるかどうかを尋ねています。ビジネスにかかわる資料を作成するとき、いつもこの3つの質問を問いかけてみてください。ロジックの構成要素をこの3つに分けることで、自分の主張が論理的な組み立てによって導き出されているかが明らかになります。

　第2章のchart10（再掲）で考えてみましょう。このグラフの証拠は

chart 10　日本のGDPの推移［ビジュアルの類型①の例］（再掲）

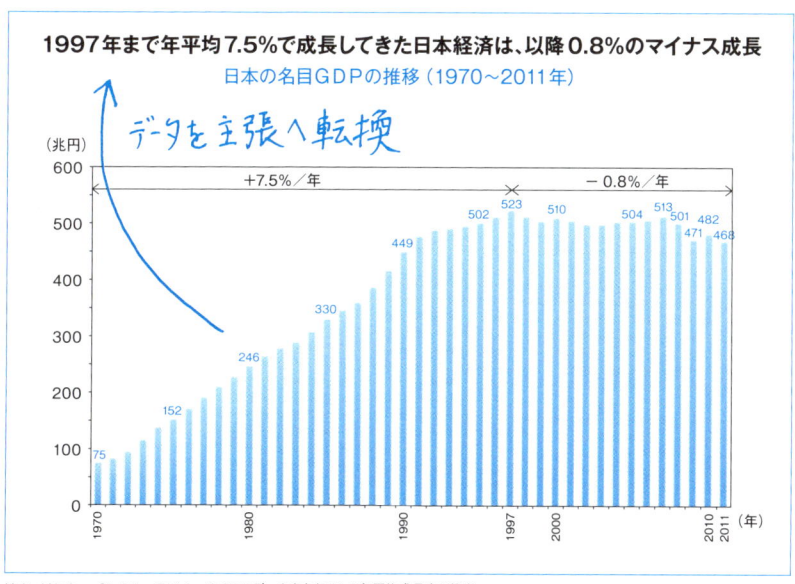

1997年まで年平均7.5％で成長してきた日本経済は、以降0.8％のマイナス成長

日本の名目GDPの推移（1970～2011年）

データを主張へ転換

（兆円）
+7.5％／年　　−0.8％／年
523　　　　513
502　510　504　501
　　　　　　　　　471 482 468
449

330

246

152

75

1970　1980　1990　1997 2000　2010 2011（年）

United Nations Statistics DivisionのGDPデータをもとにして年平均成長率を算出。

　1970年から2011年までの日本の名目GDPのデータです。そして、この資料での主張は、1997年まで日本経済は年平均7.5％で成長したが、1997年以降は0.8％のマイナス成長になったということです。この主張を支えている保証は、1970年から97年までの名目GDPの年平均成長率を計算したプラス7.5％という数値と、97年から2011年までの年平均成長率を算出したマイナス0.8％という数値です。
　このように証拠、主張、保証の3つがそろうことにより、1枚のビジネス資料ができあがっているのです。みなさんが作成する資料でも、「何々がある」（証拠）、「だから何々だ」（主張）、「なぜなら何々だからだ」（保証）という3つの要素がそろっているかどうかを必ず確認してください。

相手を説得するロジックは人類最高の知恵｜第4章　101

ユニークな証拠とユニークな主張のバランス

　ビジネスの世界で意味ある主張を導き出すためには、証拠の新鮮さと主張のユニークさのバランスが大事です。通常、いままで誰も知らなかったデータを用いることができて、これまで誰も主張したことのないメッセージを伝えられるといったケースはきわめて稀です。証拠も主張も斬新であれば申し分ありませんが、そのような機会に恵まれることは、残念ながら多くありません。そこで、証拠と主張のユニークさのバランスが問われるのです。

　証拠となるデータが新鮮であると、ユニークな主張を導きやすくなります。まだほかの人が手に入れていないデータ、自分の手元だけにあるデータは証拠として望ましい要件を備えています。一方で、証拠とする

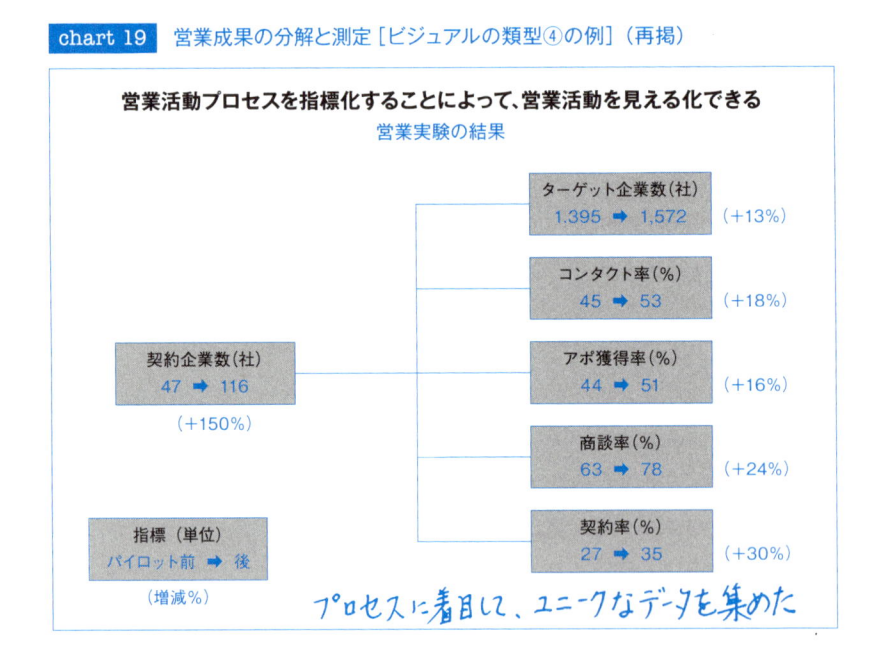

chart 19　営業成果の分解と測定［ビジュアルの類型④の例］（再掲）

営業活動プロセスを指標化することによって、営業活動を見える化できる
営業実験の結果

契約企業数（社）		
47 → 116		
（+150%）		

ターゲット企業数（社）	
1,395 → 1,572	（+13%）

コンタクト率（%）	
45 → 53	（+18%）

アポ獲得率（%）	
44 → 51	（+16%）

商談率（%）	
63 → 78	（+24%）

契約率（%）	
27 → 35	（+30%）

指標（単位）
パイロット前 → 後
（増減%）

プロセスに着目して、ユニークなデータを集めた

データがよく知られているものである場合には、その見方を変えたり、切り口を変えたり、時間軸を変えたりする工夫が欠かせません。誰もが手に入れられるデータであっても、組み合わせたり分解したりして比較することで、ユニークな主張につながる可能性があります。

　たとえば第2章の chart19（再掲）を見てみましょう。ここではある会社の法人営業活動のプロセスを分析しています。その営業プロセスに直結するコンタクト率やアポ獲得率、商談率、契約率などの指標を定義し、その数値を算出しています。また、営業実験を行って、異なる2時点間でそれぞれの指標を数値測定しています。ここに示されたデータは、この会社ではこれまで測定したことがなかった数値で、新奇性のある新鮮なデータといえます。ですから、ここから導き出される主張には説得力が出てきます。営業プロセス上の数値を測定すれば営業成果を高められる、という具合です。

　この例からわかるように、相手に伝えたいこと（主張）がどれほどユニークであるのかということは、証拠の新鮮さ、あるいは証拠の組み合わせによる解釈の新鮮さにかかっているのです。覚えておいて損はないテクニックの1つです。

section 16 多忙な意思決定者は主張だけしか読まない

資料の主張だけを読めば物語になっている

　企業の経営にかかわる仕事をしていると、いろいろな達人に会うことができます。ある経営者は、ビジネス資料を読むスピードが尋常ではありません。彼は文書作成ソフトで作られたA4横サイズの資料を、1分間に10ページほど読むことができます。1分間に10ページですから1ページにかける時間はおよそ6秒。読むというより、眺めるといったほうがピッタリくる速さです。

　わずか6秒の間にその達人は、資料のヘッダー部分に書かれているメッセージを読んでいます。そしてそのメッセージと、資料に書かれている内容が整合しているかどうかを確認しています。さらに、資料を何枚もめくりながら、資料全体の構成や構造、その流れを頭の中で考えています。つまり、資料のヘッダー部分に書かれているメッセージがきちんとつながっているかどうかを確認し、資料全体で伝えたいことは何なのかというところにも目配りをしているのです。

　多忙な意思決定者はみな、この達人のように資料のメッセージを大切にしています。資料のメッセージだけを読んでいるといっても過言ではありません。したがって、ビジネス資料を作成する際には、説得力あるメッセージを記述することがとても大事になってきます。それに加えて、資料の1枚目から2枚目に、2枚目から3枚目へとメッセージがしっかり

つながっている必要があります。つまり、資料の主張の部分だけをつなげて読めば物語になっている、というのが理想です。

アマゾンの成長物語

　ジェフ・ベゾスが率いるアマゾンのビジネスは、成長する成功モデルとして有名です。chart49はアマゾンの成長物語を示したものです。この資料のメッセージ部分だけを読めば、アマゾンの成功理由がすっと頭の中に入ってきます。アマゾンが顧客に提供するユニークな購買体験が、豊富な商品の品揃えと、低価格での商品提供という2つに支えられていることがわかります。順番に見ていきましょう。
　アマゾンが顧客にユニークな購買経験を提供することによって、アマ

chart 49　主張のつながりは物語

資料の主張だけを読めば、物語になっている
アマゾンの成長物語

主張のつながり＝物語！

- アマゾンは、顧客にユニークな購買経験を提供する
- アマゾン・ドットコムの訪問客が増えて、トラフィックが増大する
- トラフィックが増えれば、多くの売り手を引きつける
- そうすると、商品の品揃えが充実する
- アマゾン・ドットコムの成長が持続する
- 成長に伴って規模の経済が働き、低コスト構造になる
- そうすると、商品を低価格で提供できる

相手を説得するロジックは人類最高の知恵｜第4章

ゾン・ドットコムへの訪問顧客が増えてトラフィック（通信量）が増大します。トラフィックが増えれば、多くの売り手を引きつけます。そうすると商品の品揃えが充実するという流れです。そして、この流れが続くとアマゾンの成長は持続します。成長に伴って規模の経済が働くようになり、低コスト構造になります。その結果、商品を低価格で顧客に提供できるのです。商品の品揃えが充実し、低価格で商品を提供できるようになると、アマゾンは顧客にさらにユニークな購買経験を提供できることになります。

　このようにアマゾンの成長物語をメッセージの流れとして語ることができます。その上で、それぞれのメッセージに対して1つずつ証拠を付けていけば、1枚1枚の資料ができあがるのです。いうまでもなく、メッセージの部分だけを読めばわかる資料、メッセージをつなげて読めば物語になっている資料のできあがりです。

　最近のアマゾンには、もうひとつのユニークな体験を付け加えてもいいかもしれません。成長に伴ってアマゾンの資金力が増大した。それによって自前の物流施設を持てるようになった。自前の物流施設から顧客の所へ商品を迅速に配送できるようになった。すなわち、当日や翌日配送の仕組みが、アマゾンの購買経験に3つめのユニークさを与えているのです。

　ちなみに、このchart49は、連鎖論法（ビジュアルの類型⑦）で組み立てています。

主張を物語化するためには5W1Hが有効

　『桃太郎』という昔話をご存じだと思います。「昔むかしあるところに、おじいさんとおばあさんがいました。毎日おじいさんは山へ芝刈りに、おばあさんは川へ洗濯に行きました」。ここまでの短い文章の中に、When、Where、Who、Whatの4つのWが示されています。

「昔むかし」がWhen、「あるところに」がWhere、「おじいさんとおばあさん」がWho、「芝刈りと洗濯」がWhatに相当します。主人公の桃太郎についても5W1Hを使うことによって、物語の全体像を浮かび上がらせることができます。

　桃から生まれた桃太郎は15歳のとき、何年も舟を漕いで鬼ヶ島に行きました。彼はほうぼうの国で尊い宝物を奪った悪い鬼どもを成敗するために、イヌ、サル、キジの家来を連れて出かけていったのです。

　この短い文章の中に、5W1Hのすべてが含まれています。

　ビジネスの世界でも、5W1Hを意識して物語を作ることは有効です。chart50には、あるITサービス企業のコンサルティング部隊が、自分たちの仕事をどのように定義し、どのように発展していくのかを簡潔に示しています。

　Whenは経営の変革期である2010年から5年間、Whereはグループ会

chart 50　5W1Hを使った主張のつながりの例

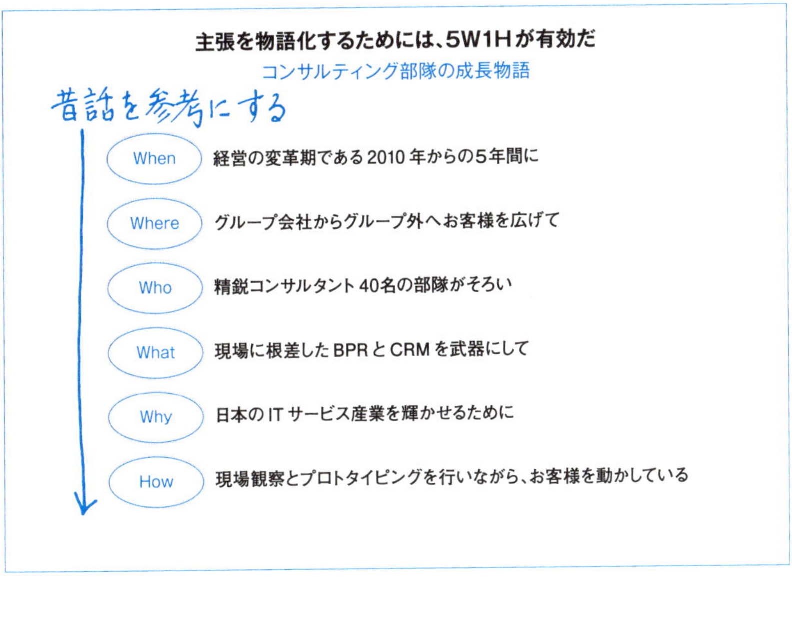

主張を物語化するためには、5W1Hが有効だ
コンサルティング部隊の成長物語

昔話を参考にする

- When：経営の変革期である2010年からの5年間に
- Where：グループ会社からグループ外へお客様を広げて
- Who：精鋭コンサルタント40名の部隊がそろい
- What：現場に根差したBPRとCRMを武器にして
- Why：日本のITサービス産業を輝かせるために
- How：現場観察とプロトタイピングを行いながら、お客様を動かしている

社の仕事からグループ外へとお客様を広げて、Whoは精鋭コンサルタント40名の部隊がそろって、Whatは現場に根差したBPR（ビジネス・プロセス・リエンジニアリング）とCRM（顧客関係管理）を武器にして、Whyは日本のITサービス産業を輝かせるために、Howは現場観察とプロトタイピング（実働モデルの作成）を行いながらお客様の変革をお手伝いする、となります。これが、このコンサルティング部隊の成長物語です。

　経営者など、忙しい人と短時間で話をしようとするときには、この簡潔な物語を伝えれば十分です。そしてその後で、この5W1Hのメッセージそれぞれに証拠を付けていけば、ひとかたまりのビジネス資料として完成します。そして相手の時間があるときに、その資料を説明すればよいのです。

　ちなみに、このchart50は、結合論法（ビジュアルの類型③）の使い方の例でもあります。

section 17 資料は部分にも全体にもロジックがある

1枚の資料の部分と全体

　ビジネスで作成する1枚1枚の資料は、1枚全体でロジックを構成すると同時に、部分部分が全体を支えるという構造になっています。資料の部分にも、その全体にもロジックがあります。資料の全体には、証拠と主張と保証があります。同じく資料の部分にも、証拠と主張と保証がそろっているのです。

　`chart51`は結合論法×連鎖論法を図解したものです。この資料の中には大きく3階層のメッセージがあります。一番大きなメッセージは、一番上のヘッダー部分に書かれているメッセージです。2番目の階層のメッセージは、順序1、順序2、順序3の最下部に書かれているそれぞれの主張1、主張2、主張3です。さらに順序と要素が掛け合わされた部分部分にも、それぞれメッセージが表れてきます。

　大切なことは、これら3つの階層の主張それぞれに証拠と保証が付いている点です。資料1枚の中の部分もおろそかにはできません。部分にも主張があり、その主張は証拠で支えられ、保証が付いているというロジックの構造が成り立っていることが求められます。

　順序1と要素aが掛け合わさったところにある主張1aには、それぞれ証拠があり、保証があり、そして主張が導かれています。同じように順序1の最下部にある主張1にも、同じロジックの構造が成り立ってい

chart 51　資料の部分と全体のロジック

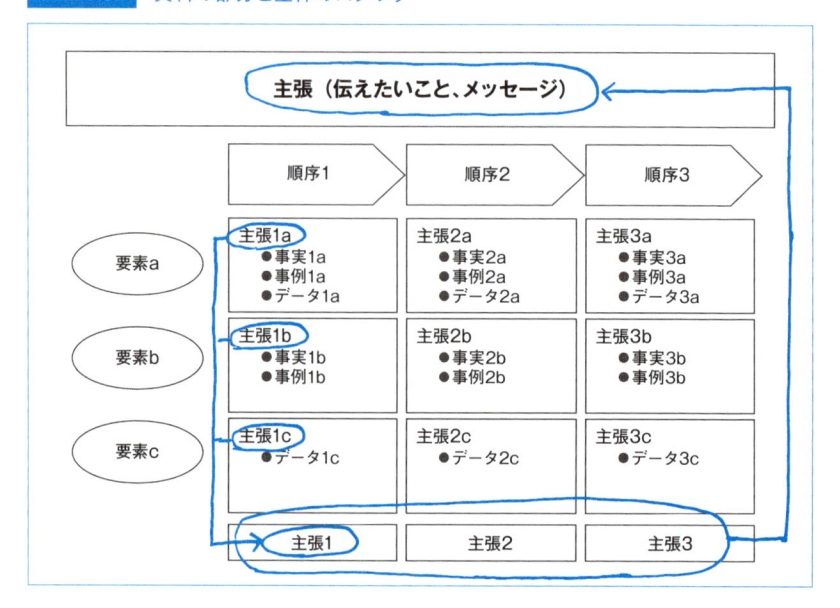

	順序1	順序2	順序3
要素a	主張1a ●事実1a ●事例1a ●データ1a	主張2a ●事実2a ●事例2a ●データ2a	主張3a ●事実3a ●事例3a ●データ3a
要素b	主張1b ●事実1b ●事例1b	主張2b ●事実2b ●事例2b	主張3b ●事実3b ●事例3b
要素c	主張1c ●データ1c	主張2c ●データ2c	主張3c ●データ3c
	主張1	主張2	主張3

全体の主張：主張（伝えたいこと、メッセージ）

す。当然、資料の一番上に書かれている主張にも、証拠があり、保証で支えられています。

　このように資料を作成するときには、資料の全体だけでなく個々の部分にも目配りする必要があります。個々の部分にもそれぞれ主張があり、それらが組み合わさってより大きな主張になる、という構造が表現されていることが大事です。

　ここでは結合論法×連鎖論法の例を図示しましたが、ほかの論法の場合も同じです。全体と部分の主張が階層のように連なっているのです。

エグゼクティブサマリーは資料全体のまとめ

　chart52はキッズ・エンターテイメント・アカデミー構想という新規

chart 52 エグゼクティブサマリーの例

> エグゼクティブサマリー ＝ 資料全体のまとめ
>
> 現在の御社は、CDやDVDなど過去の記録（すなわち、音源）の販売事業が主である、との古典的なイメージがあります。パーソナルデバイスやクラウドサービスの登場によって、個人による音楽の楽しみ方は変わってきました。音楽ライブが収益源となる一方で、CDやDVDは単なる販売促進ツールと位置づけられる場面も増えてきました。残念ながら御社は、このような変化の波に乗り遅れ、現在の音楽シーンを主導するポジションを確立できていません。
>
> ご提案する「キッズ・エンターテイメント・アカデミー」は、御社が音楽シーンで再び主導的な立場を取り戻すために、御社の事業を再定義する構想です。キッズと演歌世代を惹きつける過去の音源が生かされ、現在から将来を見通してエンターテイナーを発掘・養成します。これは、音楽ライブという収益源を確保すると同時に、金の卵となる自前のキッズを抱えていくことになります。タレントになりたいというキッズの夢をかなえると、御社のこの新規事業が発展していきます。
>
> この事業を始めるためには、初年度3,000万円の投資が必要であり、2年目までに累計1.9億円の総投資額となります。しかし、3年目以降は黒字化し、当初の東京スクール1校だけでも、年8,000万円の収益が見込めます。
>
> この事業には、御社の佐川大輔氏が責任を持って取り組み、信頼できる推進体制が確立されています。御社の創業以来のパイオニア精神を呼び覚まし、主導的に新事業を切り開いていくチャンスは、御社のブランド価値がまだ認知されていない時期に限ります。いまがその時です。

　事業にかかわるエグゼクティブサマリーの例です。エグゼクティブサマリーとは資料全体のまとめであり、意思決定者の頭の中に残しておきたいメッセージを語ったものです。

　ここでいいたいことは、エグゼクティブサマリーの中にも証拠と主張と保証の3つがそろっているということです。

　このエグゼクティブサマリーでは、キッズ・エンターテイメント・アカデミー構想を事業化することが主張されています。幼少期からエンターテイナー候補を発掘し、養成する事業には将来の発展性が大きいので、その事業を推進するための投資をお願いしたいと訴えています。そしてこの主張は、4つの下位メッセージで支えられています。

　1つめは、「現状では過去の音源の販売事業が主であり、変化する音楽シーンを主導できていない」、2つめは、「キッズ・エンターテイメント・アカデミーで事業を再定義せよ」、3つめは、「総投資額は1.9億円必

要だが、1校だけでも年8000万円の収益が見込める」、そして4つめは、「この事業を責任持って推進する覚悟である」というメッセージです。

　さらに分解して考えると、「現状では過去の音源の販売事業が主であり、変化する音楽シーンを主導できていない」というメッセージは、4つの証拠で支えられています。「古典的な事業で過去の音源の販売がメインである」「個人の音楽の楽しみ方が多様化している」「CDやDVDの販売よりも音楽ライブが収益源になっている」「当社では音楽シーンの変化についていけない」といった証拠です。

　また、「キッズ・エンターテイメント・アカデミーで事業を再定義せよ」というメッセージは、「過去の音源が生かされる事業である」「将来の自社のエンターテイナーを獲得できる」「金の卵を育てることによって音楽ライブでの収益性が期待できる」という3つの証拠で支えられています。

　このように、たった1ページのエグゼクティブサマリーも、ロジックで固められているのです。ドキュメンテーションキャンバスのロジックのステップどおり、証拠と主張と保証がそろっています。また、主張を階層的に組み立てることで、意思決定者に伝えたいメッセージを論理的に、かつ説得力を持って重層的に伝えることができます。

column **論理はトレーニングで身につく**

　アメリカでは小学校4年生のときから、自分の意見を持ち、相手を説得し、納得させるための書き方を学びます。それはファイブ・パラグラフ・エッセイという文章の書き方です。これは大学入試でも求められる基礎的な教養であり、小学校4年生から高校卒業まで9年間にわたって、みっちりとトレーニングされます。

　ファイブ・パラグラフ・エッセイは序論、本論1、本論2、本論3、結論の5つから構成されます。その内容は、相手を説得するためのエッセイに分類されます。しっかりとした自分の主張がないと書くことはできませんし、本論1、2、3の中では、その主張をサポートする証拠と理由が優先度の高いものから順に記述されます。私の記憶が正しければ、日本の小学校から高校までの教育で、このようなエッセイの論理的な書き方のトレーニングは受けていません（起承転結のような作文の書き方は教わりますが、論理というより、文章作法、形式に重きが置かれています）。

　そもそも論理とは、思考の法則的なつながりのこと、物事の道筋のことです。自分の意見を相手と共有するために、相手を説得するために論理は存在するのです。主張を相手にわかってもらうためには、相手にわかるように筋道を立てた説明が必要です。アメリカではファイブ・パラグラフ・エッセイのトレーニングを通して、この論理の力を身につけさせようとしているのです。

　本書では、ロジックのステップを、論理を担うものとして重視しています。本文で紹介した「○○がある」（証拠）、「だから□□だ」（主張）、「なぜなら△△だからだ」（保証）という3つの要素です。3本の脚がないと机が安定しないように、論理という机を安定させるためには、証拠と主張と保証という3つの脚が欠かせません。証拠と主張と保証は三位一体なのです。

　よく散見されるのは、証拠はたくさんそろっているのに、何がいいたいのかはっきりしない資料です。

「A社の事業計画、B社の事業計画、C社の事業計画をこんなに調査し

ました」(証拠は十分)
「だから何なの？」(だから、うちの事業計画はどうしたらよいといっているの？)
「……」(まだわかりません)

　この例には、残念ながら証拠しかありません。主張も保証も存在していないのです。自分の主張がないことが、一般的に日本人は論理に弱いといわれる理由の1つです。
　次の例は、右か左か主張がはっきりしていません。相矛盾する2つのことが同時に主張されています。

「○○や○○の証拠から、日本国憲法の改正に賛成する意見にも反対する意見にも一理あります」
「それであなたの意見は何なの？」
「賛成でもあり、反対でもあります」(同時に2つの主張をいいたい、というより自分の意見がない)
「だからどっちなの？」

　この例では、明確なスタンスをとって自分の意見を述べていません。これも日本人にはよくあることです。
　論理では、相矛盾する2つの意見を同時に証明することはできません(それはきわめて困難で複雑です)。ですから、この場合「日本国憲法の改正に賛成する」という主張を述べて、その証拠と保証を書きます(資料1)。それから、「日本国憲法の改正に反対する」という主張を展開して、その証拠と保証を別の資料にまとめます(資料2)。このように2つの主張は2つの資料に分けて書くことが賢明です。
　これらの例のように、論理が破綻していると、残念ながら相手とのコミュニケーションが先へ進みません。ですから当然、相手の興味を引き出すこともかないませんし、相手を納得させることなどとても不可能です。証拠と主張と保証の三位一体の関係がきちんと構成されていなければ、資料の中身の話まで及ばず、対話の入口で止まってしまうのです。

論理的に考えれば、おのずと自分の意見を持つことが求められます。このとき1枚の資料の中では、相矛盾するようなあいまいな意見は許されず、スタンスをとって1つの意見を書くことになります。さらにその意見をサポートする本論を書くために、適切な証拠と的確な保証を考えることを強いられます。このようなトレーニングを重ねることで、相手との対話の入口を突破し、相手と資料の中身を議論することができるようになるのです。

　論理はトレーニングによって身につけられます。ですから、「○○がある」（証拠）、「だから□□だ」（主張）、「なぜなら△△だからだ」（保証）を唱えて資料を作り続けてください。そうすれば、論理の能力が向上し資料の品質が上がり、相手との踏み込んだコミュニケーションによって相手の納得感を引き出せるようになるのです。アメリカ人に負けない論理力が習得できます。

第5章

資料作成はメモ書き、チャラ書き、ホン書きの3段階で進化する

"Genius is one percent inspiration, 99 percent perspiration."

（発明家 トーマス・A・エジソン）

section 18

メモ書き、チャラ書き、ホン書きの例

空いている時間にカフェでメモ書き

　ここでは資料作成の手順を考えてみましょう。資料作成はメモ書き、チャラ書き、ホン書きの3ステップで進みます。相手に説明する資料に相当するホン書きの前に、メモ書きとチャラ書きの2つのステップを踏みます。

　chart53、chart54、chart1（p.14）はそれぞれ、メモ書き、チャラ書き、ホン書きの例です。本書の執筆にあたって、その中核コンセプトであるドキュメンテーションキャンバスが、どのように完成度を高めていったのかをおわかりいただけると思います。

　chart53はメモ書きです。このメモ書きは2013年の1月ごろ、カフェでコーヒーを飲みながら文庫本のしおりの裏側に走り書きしたものです。このころは提案書や報告書、企画書の書き方について、顧客にどのように伝えたらよいかを考えていました。そしてWhy、How、Whatの3つの切り口が浮かんできました。

　Whyは「なぜその資料を作るのか」という目的です。Howは「どうやってその資料を作るのか」で、資料の作り方や資料のカタチについての考察です。Whatは「何を資料の中に盛り込めばよいのか」というコンテンツに関するものです。この3つの要素を取りまとめれば、ビジネスにかかわる資料の作り方を顧客に伝えられると考えていました。

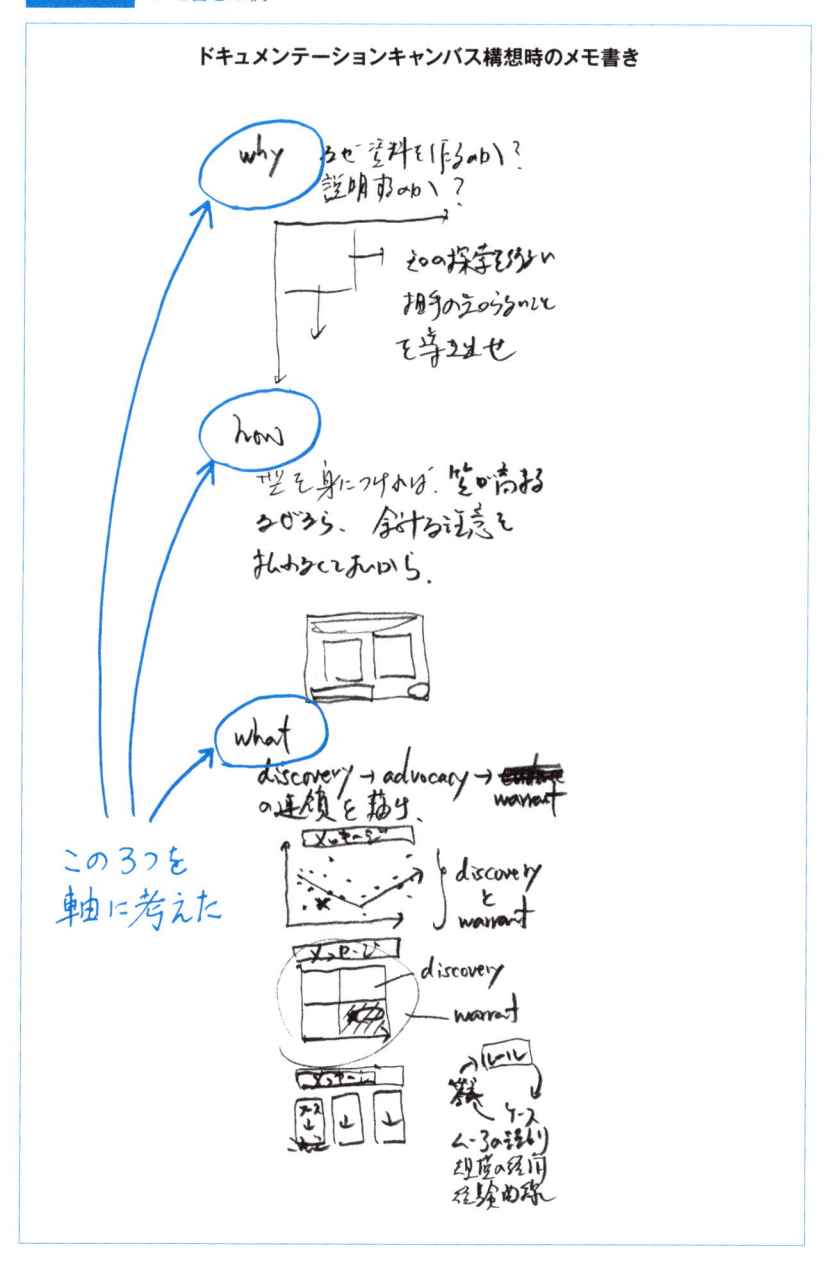

chart 53　メモ書きの例

ドキュメンテーションキャンバス構想時のメモ書き

資料作成はメモ書き、チャラ書き、ホン書きの3段階で進化する ｜ 第5章

まだこの段階では、内容はあまり具体的ではありませんが、頭の中のイメージやふっと思いついたことなどを書き留めてみました。メモ書きでは、リラックスした雰囲気の中で思いついたことを書き留める、あるいは思いついたイメージを図に描いてみる、というぐらいのゆるさでよいと割り切っています。

紙の上に手書きでチャラ書き

　先述したとおり、チャラ書きとは岡山弁で、走り書きやドラフトのことです。chart54はチャラ書きの例で、2013年の3月ごろに書いたものです。この段階でもパソコンは使わずに手書きです。1人やごく少人数のときは、白い紙の上にペンでチャラ書きをします。人数が増えてくると、ホワイトボードを使うことが多くなります。

　この段階になって、「ドキュメンテーションキャンバス」という名称を思いつきました。そして、それは大きく4つの部分から構成され、それぞれをコミュニケーション、ビジュアル、ロジック、アウトプットと名づけました。さらに、

　アウトプット＝f（コミュニケーション、ビジュアル、ロジック）
　という関数関係を考えていました。

　先のメモ書きの段階では、Why、How、Whatの3つの切り口でしたが、チャラ書きでは、それぞれコミュニケーション、ビジュアル、ロジックの3つがふさわしいと考えるようになりました。そしてこの3つが組み合わさって、アウトプット、すなわちビジネスの資料ができあがると考えたのです。

　内容も徐々に具体的になってきました。コミュニケーションでは、資料の内容を伝える相手との対話が重要であると考えました。それによって相手が求めるものがはっきり見えてきたり、相手の期待値が変わってきたりもします。相手と対話を繰り返しながら、どのような資料を作れ

ばよいのかを頭の中で整理していくというものでした。

　ビジュアルでは、ビジネス資料には型や様式というものがあると考えました。それを覚え、それを応用して、それに沿って作成することで素早く、効果的な資料ができると思ったのです。

　ロジックに関しては、エビデンス、クレーム、ワラントという3つの用語が登場しています。日本語訳すると、それぞれ証拠、主張、保証になります。

　ドキュメンテーションキャンバスのチャラ書きを書いたのは、編集者の方々とお会いして議論を繰り返している時期でした。もちろん、このチャラ書きも1度で完成したわけではなく、議論を繰り返しながら何度も書き直しています。手元にはボツになったチャラ書きが5枚ほど残っています。

パソコンでのホン書きは最後

　さて、第1章で説明したように、chart1は本書のドキュメンテーションキャンバスです。いわばホン書きの例です。ここでは、ドキュメンテーションキャンバスはビジネス資料を作成するときのガイドラインとして位置づけられました。それは4つのステップ、すなわちビジュアル、ロジック、アウトプット、コミュニケーションで構成されています。

　チャラ書きの段階では、アウトプットの部分はメモ書きの資料を並べて貼り付けるようなイメージで書いてありました。しかしホン書きでは、資料作成のステップを明示するために、メモ書き、チャラ書き、ホン書きの3つの手順を記述してあります。また、ビジュアルの部分では資料の類型が12あることが示され、ロジックのところでは証拠と主張と保証の関係が図解されています。さらにコミュニケーションの部分では、相手との共感の成立に焦点を合わせて、そのための時間軸のイメージが示されています。

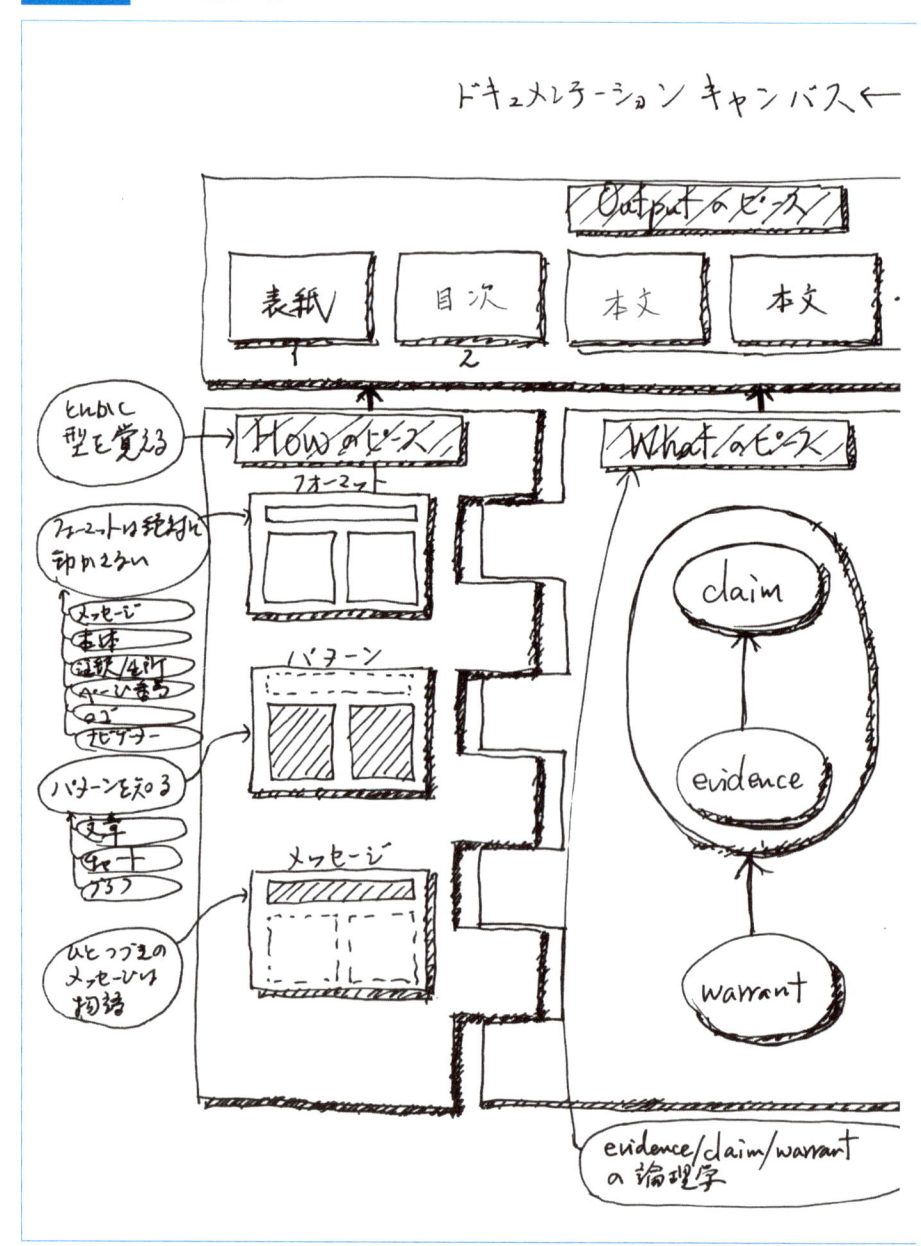

chart 54　チャラ書きの例

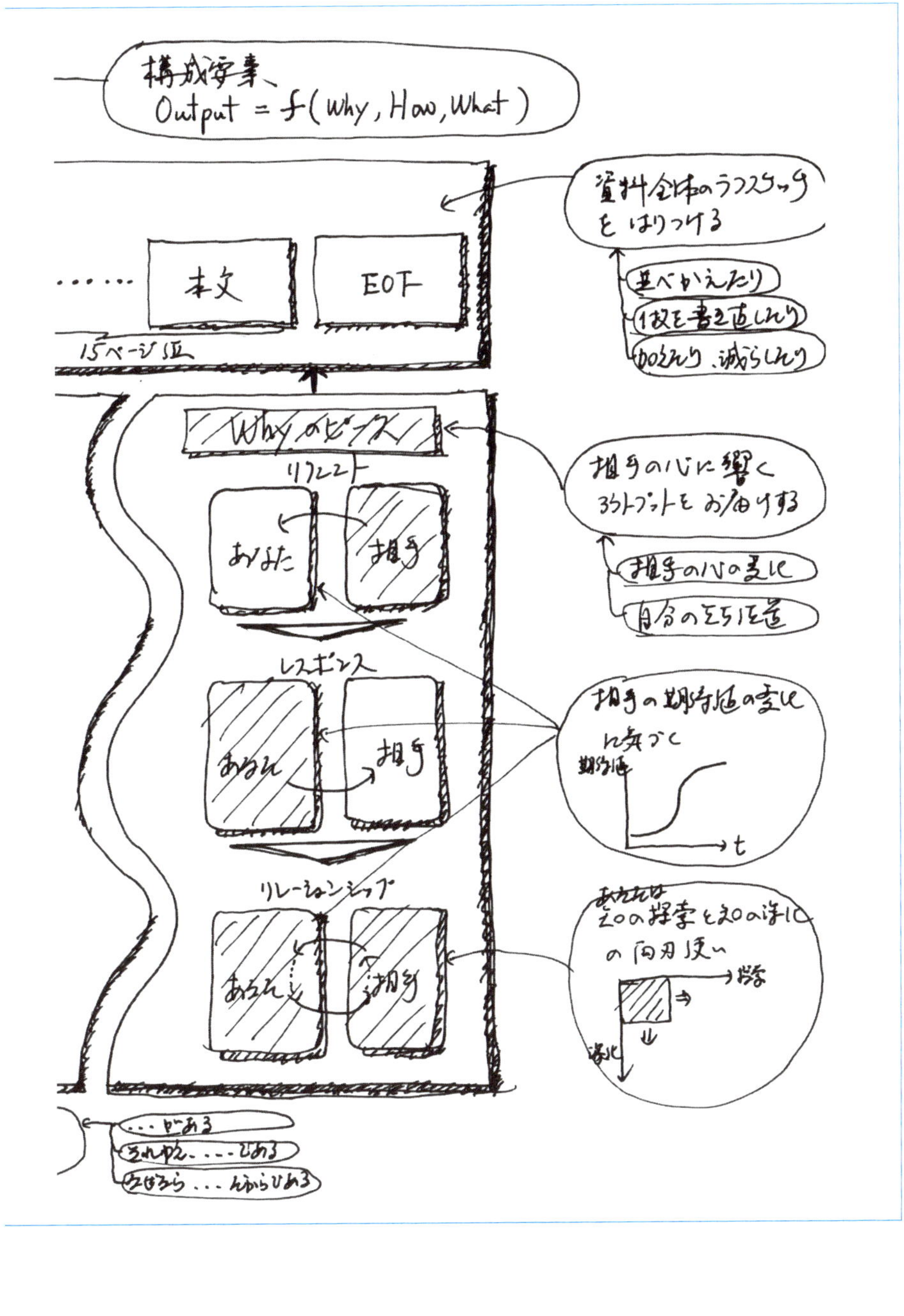
構成要素
Output = f(Why, How, What)
資料全体のラフスケッチをはりつける
並べかえたり
1枚を書き直したり
加えたり、減らしたり
本文
リクエスト
あなた
相手
相手の心に響くアウトプットをお届けする
相手の心の変化
レスポンス
相手の期待値の変化に気づく
期待値
t
リレーションシップ
…である
それゆえ…である

パソコンの資料作成ソフトを使って、このドキュメンテーションキャンバスを作り上げたのは、2013年9月ごろのことです。このようなパソコンを使ったホン書きは最後の最後に行います。ホン書きの前には手書きによるメモ書き、チャラ書きの手順があります。ビジネスで使える資料の作成はこの3つの手順を踏むことで進歩します。

section 19 資料作成が決まったら資料のカタチを作ってしまう

最初に空パッケージを作ろう

　提案書や報告書、企画書などを作成することが決まったら、まず資料のカタチを作ってしまいましょう。たとえば、顧客に説明する提案書を文書作成ソフトを使って作るとします。その場合、資料のアウトプットイメージは、パソコンを使って文書作成ソフトで編集された資料ということになります。

　そこでまず、パソコンを立ち上げ、文書作成ソフトを起動して、資料のひな形ファイルを開きます。このひな形は、第2章のコラムで説明した表紙のひな形と本文のひな形で、chart30とchart31に例示してあります。

　いまはまだ、提案書の内容はほとんど練れていません。詳細がまったくわかっていない状態かもしれません。それでも、ある程度の表紙の情報は埋められます。提案書の表紙は作れるのです。表紙に顧客の名称、○○に関する提案書という資料タイトル、そして提案書の提出年月日を記載します。会社／部署名やコピーライト表示は、ひな形ファイルにはすでに記載されているはずです。また提案書のタイトルは、後から変更される可能性が高いので仮のタイトルでかまいません。

　さらに、提案書の内容は決まっていなくても、目次は必要ですから、目次というヘッダーだけが書かれた資料1枚を、表紙の次にはさみ込ん

でしまいます。あとは空白の資料を13ページほど入れておけば十分です。

　このようにして表紙とヘッダーだけの目次、13ページの空白の資料をつづった文書ファイルを1つ作ります。それにファイル名を付けて保存してください。たとえば「顧客名_資料名_日付.docx」のようなファイル名です。そしてそのファイルをパソコンのデスクトップ上の目立つところに置いておけば、「いついつまでにこの資料を作成しなければならない」ということを常に確認できます。

　このように作成する資料のカタチを作っておくだけで安心感が得られます。これだけですでに、資料の完成に向けた第一歩を踏み出したことになるわけで、資料の提出日間際になって、ゼロの段階から資料を作るのとは大きく違う状況になります。これが、資料作成が決まったときに資料のカタチを作ってしまうことの効果です。

ひとかたまりの資料は15ページ

　私の経験によると、ひとかたまりの提案書や企画書は、だいたい15ページで構成されます。資料15ページあれば、ひととおりの主張を展開するのに十分な量です。

　chart55にあるように、表紙と目次から始まり、最終ページのまとめまででほぼ15ページという構成です。

　たとえば新しい事業プランの提案書や企画書であれば、表紙と目次から始まって、現状の理解や事業の背景へと続きます。次に新しい事業のコンセプトが中核部分になり、そこには5～6ページの資料が連なります。さらに、その事業の発展形や、展開に向けたスケジュールが記述され、事業の採算性に関して収益モデルと収益予測が提示されます。そして事業の推進体制を明らかにした後で、資料全体についてのまとめが記述されます。

　chart55には、盛り込むべき資料の内容とその構成順序が例示されて

| chart 55 | 資料のカタチの例 |

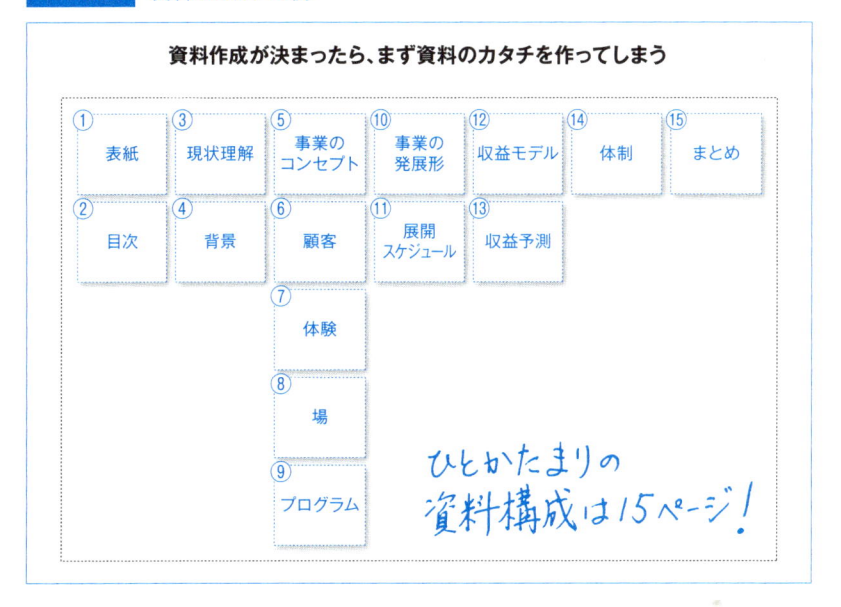

資料作成が決まったら、まず資料のカタチを作ってしまう

① 表紙　③ 現状理解　⑤ 事業のコンセプト　⑩ 事業の発展形　⑫ 収益モデル　⑭ 体制　⑮ まとめ

② 目次　④ 背景　⑥ 顧客　⑪ 展開スケジュール　⑬ 収益予測

⑦ 体験

⑧ 場

⑨ プログラム

ひとかたまりの資料構成は15ページ！

います。資料の構成に迷ったときにはこれを参考にしてください。

チャラ書きは何度でも容易に書き直せる

　おおよそ15ページの資料の構成が仮決めできたら、次に資料1ページ1ページのメモ書きを作ります。その資料の内容にかかわることをどんどん書き留めます。その1ページで伝えたいメッセージでもよいですし、手元にあるデータや事例でもいい。手元に証拠がない場合には、どうやってデータや事例を収集するのかというアクションプランでもかまいません。要は何でもいいのです。何かを書くことが大事です。しょせんはメモ書きなのですから。

　次のステップでは、チャラ書きの作成に進みます。といっても、1

ページ目から順番に作る必要はありません。作りやすいページ、証拠がありそうなページから作り始めるのがコツです。その際、資料のカタチ、すなわちビジュアルの12類型を意識すると効果的です。

　1人なら紙に手書きをしてもよいですが、プロジェクトチームならホワイトボードなどを使って、他のメンバーと議論しながら作っていくほうが効果的です。資料の提出先の方々と議論できるのであれば、ぜひそうすべきです。そうした議論を繰り返しながらチャラ書きを作ってください。

　chart56は顧客と討議しながら私が行ったチャラ書きの例です。テーマはいろいろですが、顧客と対話しながらホワイトボードにチャラ書きをしていることは共通です。ここで大事なポイントは、チャラ書きをするときにビジュアルの12類型を頭に入れておくことです。最終的な資料のカタチを想定したチャラ書きは、ホン書きへのスムーズな移行につながります。

　階層構造のように物事を分解して考えるのであれば、結合論法が有効で、ビジュアルの類型⑤を使うとよいでしょう。時間軸に沿ってステップ論を語るとなれば、連鎖論法の書き方で、ビジュアルの類型⑥が適切です。ビジュアルの類型⑫にならって「田」の字のマトリクスを描き、その中をセグメント分けするという方法もあります。

　顧客やプロジェクトのメンバーとホワイトボードを使って議論することは、高度な知的作業のように感じますが、実はそうでもありません。資料をどのようなカタチに描くのかという基本的なパターンを知っておけばよいだけです。それはまさしくビジュアルの12類型で、それを覚えておけば議論しながらチャラ書きができるのです。

　また、チャラ書きはホン書きではありませんので、間違いがあったり、うまく整理ができていない点があったりしても、まったく恐れることはありません。議論を深めながら部分修正を加えていけばよいだけです。あるいはゼロから書き直せばよいのです。

　ですから、けっしてチャラ書きをうまく書こうなどと思わないでくだ

| chart 56 | ホワイトボードを使ったチャラ書きの例 |

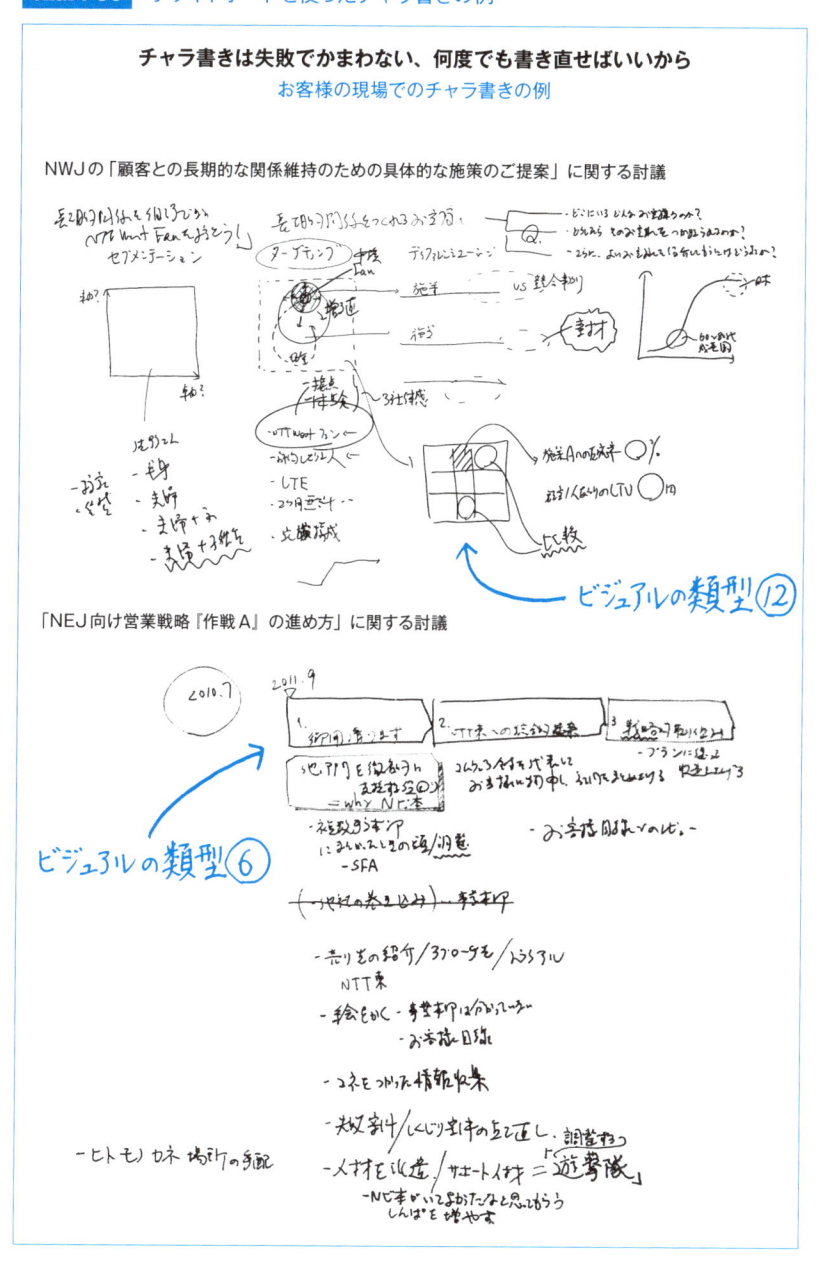

チャラ書きは失敗でかまわない、何度でも書き直せばいいから
お客様の現場でのチャラ書きの例

NWJの「顧客との長期的な関係維持のための具体的な施策のご提案」に関する討議

ビジュアルの類型⑫

「NEJ向け営業戦略『作戦A』の進め方」に関する討議

ビジュアルの類型⑥

資料作成はメモ書き、チャラ書き、ホン書きの3段階で進化する｜第5章　129

さい。間違いがあるかもしれない、書き直しがあるだろうという気持ちでチャラ書きすれば、かえってその質や精度が上がるでしょう。

　資料の作成が決まったら、まずパソコンに向かって資料のカタチを作る、次に15ページ程度の資料の流れを作る、1枚1枚の資料についてメモ書きし、可能ならその資料を提出する相手と議論しながらチャラ書きを作っていく。このような手順を踏むことによって、全体像を見失うことなく、資料の完成度が徐々に高まっていきます。

section 20 対話の時間、思考の時間、資料作成の時間をバランスさせる

1週間の時間配分

　chart57を見てください。これは資料作成にかかわる時間割のモデルです。相手と討議を行い、次の討議会に向けて資料を準備するときの時間の使い方を例示してあります。このチャートでは第1日目の午後に顧客との討議会を行い、その5日後の第6日目の午後に再び顧客との討議会を行うという想定になっています。この実質5日間の時間をどのように使えばよいでしょうか。

　ここで伝えたいことは2つあります。1つは、資料作成そのものに使う時間よりも、顧客やプロジェクトのリーダー、メンバーとの対話の時間を優先的に確保し、思考の時間をたっぷり取ることです。もう1つは、メモ書き、チャラ書きの手順を踏んで、ホン書きの資料を作成することです。

　chart57では、対話の時間を青色の網掛けで明示しています。みなさんがリーダーの下で働くメンバーの立場であるなら、この時間割のように、リーダーとは1日に1回ないしは2回の対話時間を取るよう心がけてください。リーダーの立場であるなら、スケジュールが詰まっていてもメンバーとは毎日対話してください。プロジェクトの中で討議を重ねながら、顧客との討議に向けた資料を作っていくプロセスが大事なのです。1人でパソコンに向かって黙々と資料を作るような進め方は感心で

資料作成はメモ書き、チャラ書き、ホン書きの3段階で進化する ｜ 第5章　131

chart 57　時間割のモデル

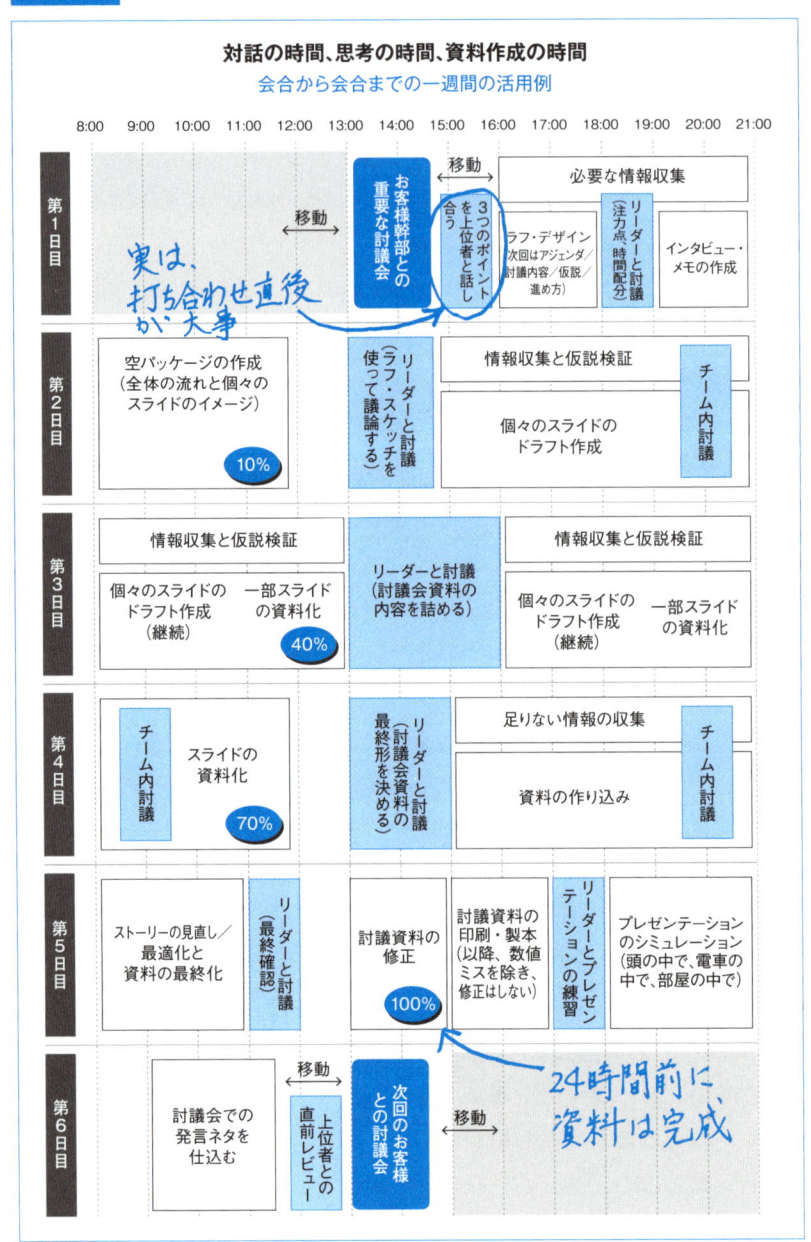

対話の時間、思考の時間、資料作成の時間
会合から会合までの一週間の活用例

第1日目
- 移動
- お客様幹部との重要な討議会
- 3つのポイントを上位者と話し合う
- 移動
- 必要な情報収集
- ラフ・デザイン（次回はアジェンダ/討議内容/仮説/進め方）
- リーダーと討議（注力点、時間配分）
- インタビュー・メモの作成

（手書き注記：実は、打ち合わせ直後が大事）

第2日目
- 空パッケージの作成（全体の流れと個々のスライドのイメージ）　10%
- リーダーと討議（ラフ・スケッチを使って議論する）
- 情報収集と仮説検証
- 個々のスライドのドラフト作成
- チーム内討議

第3日目
- 情報収集と仮説検証
- 個々のスライドのドラフト作成（継続）
- 一部スライドの資料化　40%
- リーダーと討議（討議会資料の内容を詰める）
- 情報収集と仮説検証
- 個々のスライドのドラフト作成（継続）
- 一部スライドの資料化

第4日目
- チーム内討議
- スライドの資料化　70%
- リーダーと討議（討議会資料の最終形を決める）
- 足りない情報の収集
- 資料の作り込み
- チーム内討議

第5日目
- ストーリーの見直し／最適化と資料の最終化
- リーダーと討議（最終確認）
- 討議資料の修正　100%
- 討議資料の印刷・製本（以降、数値ミスを除き、修正はしない）
- リーダーとプレゼンテーションの練習
- プレゼンテーションのシミュレーション（頭の中で、電車の中で、部屋の中で）

第6日目
- 討議会での発言ネタを仕込む
- 移動
- 上位者との直前レビュー
- 移動
- 次回のお客様との討議会

（手書き注記：24時間前に資料は完成）

青色の楕円内の%数値は、その時点での資料の完成度を示します。

きません。この際、やめにしてください。

　もう1つのポイントは、メモ書き、チャラ書き、ホン書きの3つの手順を踏むことです。時間割のモデルでは第1日目にメモ書きの時間を取っています。そして2日目、3日目はチャラ書きの時間で、ホン書きはやっと4日目から始まります。メモ書きを経て、チャラ書きをしながら討議資料の全体像を構築していく時間が十分に取られています。そして最後にパソコンに向かい、ホン書きの資料を作るという流れです。

1枚の資料のホン書きは30分

　chart57の時間割に沿って、4日目から5日目にかけてホン書きをしているとしましょう。このとき1枚の資料作成に30分以上悩んでしまうことがあったら、要注意です。その場合は、そこで資料の作成作業をストップして、リーダーや他のメンバーなどと相談してください。

　その1枚の資料が作れないのには理由があります。たとえば、資料に盛り込む証拠が十分にない、資料の討議資料全体の中での位置づけがあいまいだ、といった理由です。ここで無理をして時間を使って資料を完成させても、その資料はボツになる可能性が高いものです。30分以上悩んだときは、仲間ともう一度討議し、コンテンツの内容や資料の位置づけを見直すことが必要です。

　討議会の直前まで資料の作成に追われることはよくあります。しかし、それでは余裕を持って顧客との討議会に臨めません。討議会の1日前には資料の最終修正まで終えてしまうのがベストです。そして最後の1日は、プレゼンテーションや説明の練習にあてます。頭の中でプレゼンテーションのシミュレーションを行うのも効果があります。リーダーやメンバーの前で練習ができるのなら、それに勝るものはありません。

　ビジネス資料はあくまでコミュニケーションの手段にすぎません。資料の作成よりもプレゼンテーションの練習に時間を割き、相手に効果的

に伝える訓練をするほうが大事なのです。

　とはいえ、資料に致命的なエラーは絶対に許されません。致命的なエラーとは、たとえば数値のミスです。たとえ1箇所でも、数値の足し算や掛け算などの誤りがあると、資料全体の信ぴょう性が疑われることになります。数値のミスを見つけたらすぐに修正しなくてはなりません。数値以外の些細な文字違い等であれば、そこまで神経質になる必要はありません。それを修正するよりも、プレゼンテーションの練習に時間を割くほうが賢明です。

成果につながる情報量と思考量のパターン

　情報量と思考量と成果の関係について、ありがちなパターンと望ましいパターンを示します。chart58とchart59です。ありがちなパターンは時間軸に沿って徐々に成果が上がってくる、徐々に資料が完成してくるイメージです。このパターンでは、資料作成が時間切れになるおそれがきわめて高くなります。

　通常、情報量は時間の経過に従って、S字カーブのように徐々に増えていきます。一方で、どの時点から思考を始めるかは本人の判断によります。しかし、その思考の開始時点が、成果を大きく左右するカギとなるのです。間違いを犯したくない、あるいは正確を期したいという思いから、ある程度の情報が集まるまで思考を始めないのが人のさがです。その結果、情報量と思考量の掛け算である成果が、締め切りの直前になってやっと上がってくるパターンになりがちなのです。

　しかしこのパターンでは、「いまはどんな状況ですか」と顧客から聞かれたときに、「いまはまだ足りない情報を収集している段階です。ある程度情報がまとまるまでしばしお待ちください」と答えることになります。これは資料作成者の身勝手な「作業主義」といっていいかもしれません。

chart 58　ありがちなパターン

「情報量×思考量→成果」のありがちなパターン

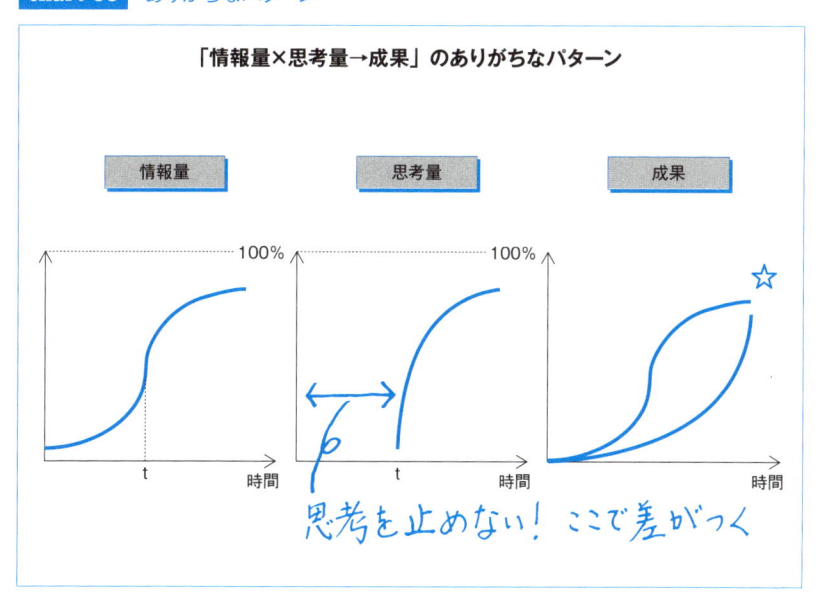

情報量　　　思考量　　　成果

思考を止めない！　ここで差がつく

chart 59　望ましいパターン

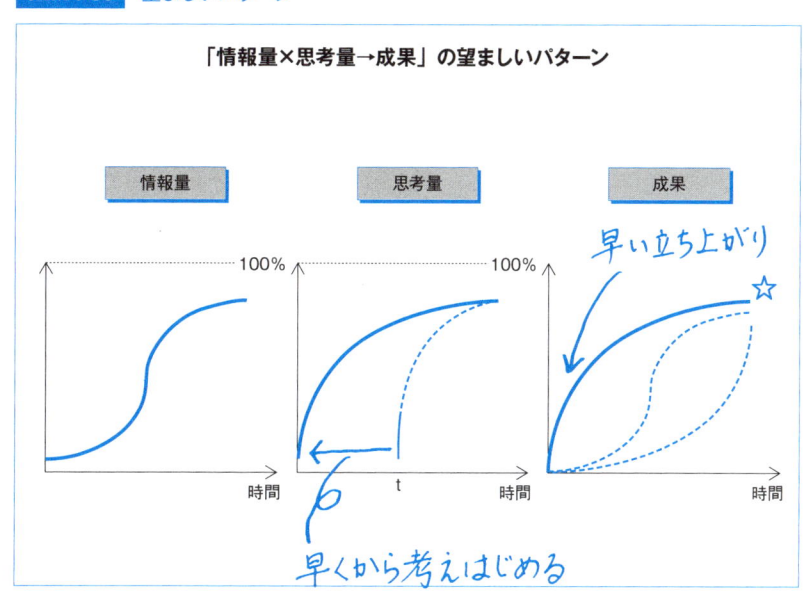

「情報量×思考量→成果」の望ましいパターン

情報量　　　思考量　　　成果

早い立ち上がり

早くから考えはじめる

資料作成はメモ書き、チャラ書き、ホン書きの3段階で進化する｜第5章　135

これに対してchart59の望ましいパターンでは、成果はプロジェクトの最初の段階から大きく上がっていきます。このようになっていれば、顧客から仕事の状況を聞かれたときにも、大枠のメッセージを伝えることができます。また、時間軸の早い段階から成果が大きく上がっているので、資料作成が時間切れになってしまう危険性はきわめて小さくなります。

　このような望ましいパターンをたどれる理由は、思考の開始時点と累積した思考量にあります。プロジェクトの開始時点、あるいはその少し前の段階から考え始めることです。情報がない段階でも思考することを恐れてはいけません。これまでの経験や知識に照らし合わせれば、情報はなくてもある程度、思考を深めることができるものです。そうすることで、プロジェクトの早い段階から成果を上げることができるようになるのです。

　報告や会議の直前になってあわててしまう、時間切れになってしまう危険を避けるためにも、早い段階から成果を上げておく必要があります。それを決めるのは思考の開始時点と累積思考量です。早い段階、情報が少ない段階から思考を重ねることによって、相手の期待値にかなった成果を確保できるのです。

第 6 章

コミュニケーションとは相手の変化に寄り添うこと

"Success is the ability to go from one failure to another with no loss of enthusiasm."

（政治家 サー・ウィンストン・L・S・チャーチル）

section 21 ビジネスに求められる意思決定の品質とスピード

不確実性の時代が到来した

　2010年代に入って、ビジネスの不確実性が高まり、直面する問題が変化し、その結果、ビジネスに求められる意思決定の品質とスピードが変わってきました。
　chart60にこのような意思決定の変化をまとめました。

「やってみなはれ」と「軌道修正」

　「やってみなはれ」とは、サントリーの創業者である鳥井信治郎の言葉です。サントリーのウェブサイトによると、彼はどんな苦境に置かれても「自身とその作品についての確信」を捨てなかったそうです。その思いが「やってみなはれ」という言葉に凝縮されています。そして「冒険者としてのチャレンジ精神がサントリーのDNAとして創業100年以上経た今もなお生きている」のです。どんな状況にあっても、1歩、2歩前に進んでみよう。うまくいかなければ、もう一度立ち戻って別のやり方を試せばいいじゃないか。このような考えがその背後にあります。
　スタンフォード大学教授のスティーブ・ブランクは、試行錯誤型のアプローチという主旨の主張をしています。彼は、いまは大学で教鞭を

| chart 60 | 今日の経営における意思決定 |

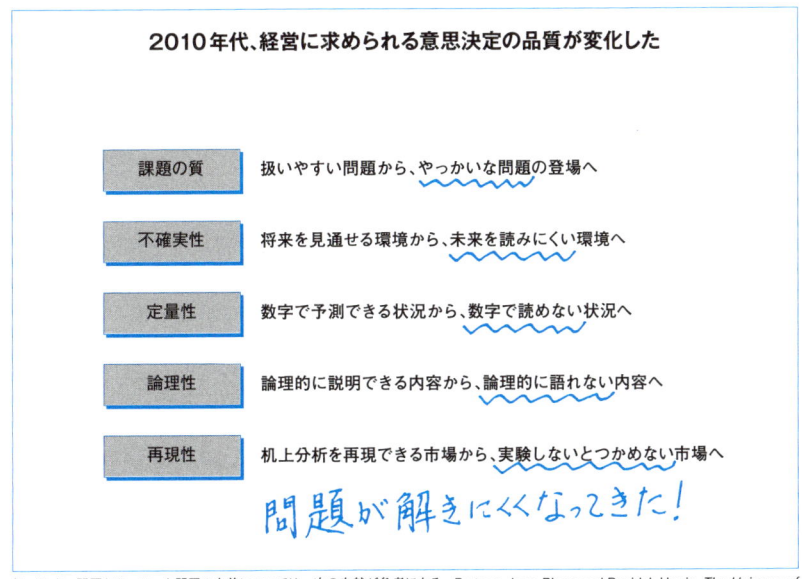

2010年代、経営に求められる意思決定の品質が変化した

課題の質	扱いやすい問題から、やっかいな問題の登場へ
不確実性	将来を見通せる環境から、未来を読みにくい環境へ
定量性	数字で予測できる状況から、数字で読めない状況へ
論理性	論理的に説明できる内容から、論理的に語れない内容へ
再現性	机上分析を再現できる市場から、実験しないとつかめない市場へ

問題が解きにくくなってきた！

扱いやすい問題とやっかいな問題の定義については、次の文献が参考になる。Protzen, Jean-Pierre and David J. Harris. *The Universe of Design: Horst Rittel's Theories of Design and Planning*. Routledge, 2010.

とっていますが、かつてはシリコンバレーで8社のスタートアップ企業を成功に導いた経歴の持ち主です。スタートアップ企業で成功するためには、また大企業が新規の事業で成功するためには、商品開発と顧客開発の2つだけが重要だと彼は説きました。そして、「軌道修正（ピボット）」を繰り返して顧客発見を行うことが成功の要諦だということを発見したのです。

　鳥井の「やってみなはれ」と、ブランクの「軌道修正」は結びつきます。ともかく「やってみなはれ」。うまく進まなかったら、「軌道修正」しよう。そしてもう一度やり直そう。このような思考とアプローチが、不確実性の時代のビジネスには求められているのです。

意思決定者のニーズは時々刻々と変化する

　経営者が「やってみなはれ」と「軌道修正」を前提にして意思決定を行うとなると、彼らの説得材料であるビジネス資料も、素早い変更や方向転換を余儀なくされることになります。たとえば、新事業がターゲットとする顧客セグメントが変更されるかもしれません。また、その新しい顧客セグメントに向けて出す製品やサービスも変更されるかもしれません。

　事業のビジネスモデルが変われば、お金の流れ方、収益の上げ方が変わりますし、外部の提携パートナーが変わることもあります。このように変化が常態化する状況において、意思決定者の要求に沿った資料をいかにして作るかが今日の課題です。そのために相手とのコミュニケーションを繰り返すこと、そこで新たなニーズをくみ取って素早く軌道修正を行うことが、資料作成術の肝になってきます。

　ビジネスにかかわる資料は、意思決定者との適切なコミュニケーションのためのツールにすぎません。近年においては、意思決定者が変化を前提としているのであれば、資料作成者もその変化に合わせざるをえません。求められる資料作成術には、やり直しや軌道修正が織り込まれている必要があるのです。

section 22 資料作成の流れは変わった

これまでの資料作成方法

　ビジネスに求められる意思決定の品質とスピードが変化したことに伴って、資料作成の流れも大きく変化してきました。

　`chart61`の上半分は、これまで常識とされてきた資料作成方法です。そこではまず、相手との対話を契機として資料作成の必要性が生まれます。そして一定の期間を経て作成された資料が相手に提示され、説明されるという流れになります。したがって、資料作成者と作成依頼者が直接会話を交わす機会は多くありません。最初と最後の2回しかないということも珍しくありません。その間には、資料作成者にとっての資料作成のための時間が流れていました。たとえば、顧客からある提案の機会をもらい、1週間後に提案書を使って説明するという時間の流れです。

　さて、この時間軸の中で、みなさんはどのように資料を作成していたでしょうか。おそらく、1枚の資料をきちんと完成させて、それができたら次の1枚の資料にとりかかる、というステップを踏んでいたのではないでしょうか。顧客への提案に向けて、1枚1枚を確実に完成させていくやり方です。言い換えれば、1枚1枚の資料をしっかり作成し、それをクリップ留めすることによって、顧客に提示する資料を完成させるイメージです。これが従来の資料作成方法の常識でした。

| chart 61 | 資料作成フローの変化 |

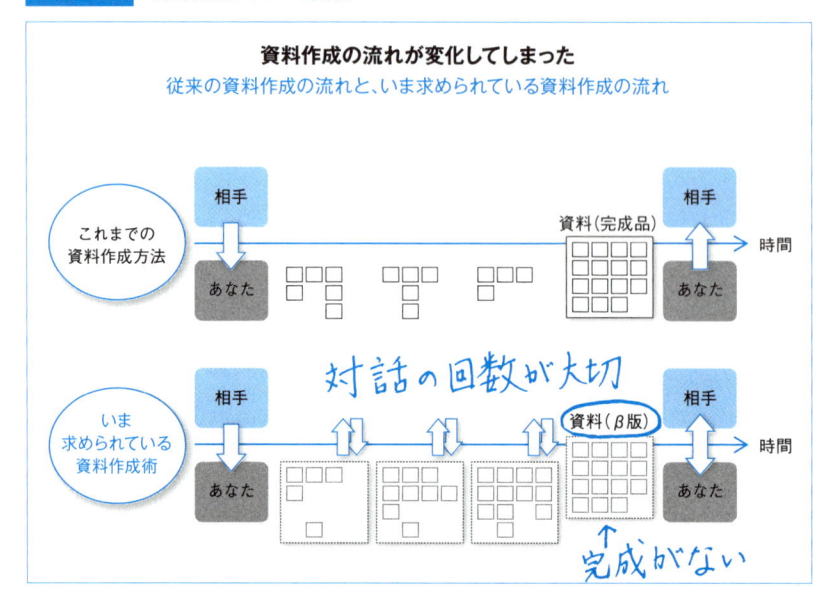

資料作成の流れが変化してしまった
従来の資料作成の流れと、いま求められている資料作成の流れ

これまでの資料作成方法

いま求められている資料作成術

対話の回数が大切

完成がない

いま求められている資料作成術

　chart61の下半分には、いま求められている資料作成の流れがまとめられています。ここでは、資料作成者と作成依頼者の対話の頻度はずっと多くなります。資料作成を正式に依頼されてから相手に資料を渡すまでの間には、ある程度の時間があります。その時間の中で相手との非公式な対話をどれだけ持てるかが重要になってきます。それは、依頼者のニーズが時々刻々と変化し、その変化を作成する資料の中に取り入れることが求められるからです。

　そのような今日の資料作成においては、全体像を持って少しずつ資料を作成していきます。そうすることで相手との非公式な対話を通じて、いつでも相手の考えを引き出すことができます。対話では、

「現時点までで〇〇〇という事実がわかっています。それゆえ、△△△ということがいえます。なぜなら、その理由は×××だからです。ただし、□□□の部分については現在調査中で、次回の対話のときにはご報告できると思います」

といった具合に現状を報告しながら相手の確認を取り、その後の資料作成につなげていきます。

もう1つのポイントは、相手に提示する資料は完成品ではなくβ版だということです。ビジネスは常に変化、継続して終わりがないのですから、みなさんが作成する資料も完成品になることはけっしてありません。相手の状況に合わせて未完成のβ版を作り上げるという意識と、相手との対話によって資料を常にアップデートしていくという姿勢が大切なのです。

インプットがアウトプットの出来を決める

資料作成はいうまでもなくアウトプットを作ることですが、アウトプットを生み出すためにはインプットが必要です。情報のインプットが十分でなければ優れたアウトプットは作れない、といっても過言ではありません。

chart62には資料作成術にかかわる、インプットとアウトプットの関係を図示しています。左側のインプットには、事例研究や、他人の経験から学び取ること、自分自身の経験、いま向き合っている相手の頭の中、などがあります。当然ですが、資料作成においてもっとも直接的で効果が大きいのは、いま向き合っている相手と一緒に考えることです。相手と対話を重ねて、相手の考えを十分につかみ取ることが何より求められます。

人間の考えには個性やクセがあります。ですから、どうしても自分の考えや経験に沿ったアウトプットをしがちです。しかし、資料作成では

chart 62　インプットとアウトプット

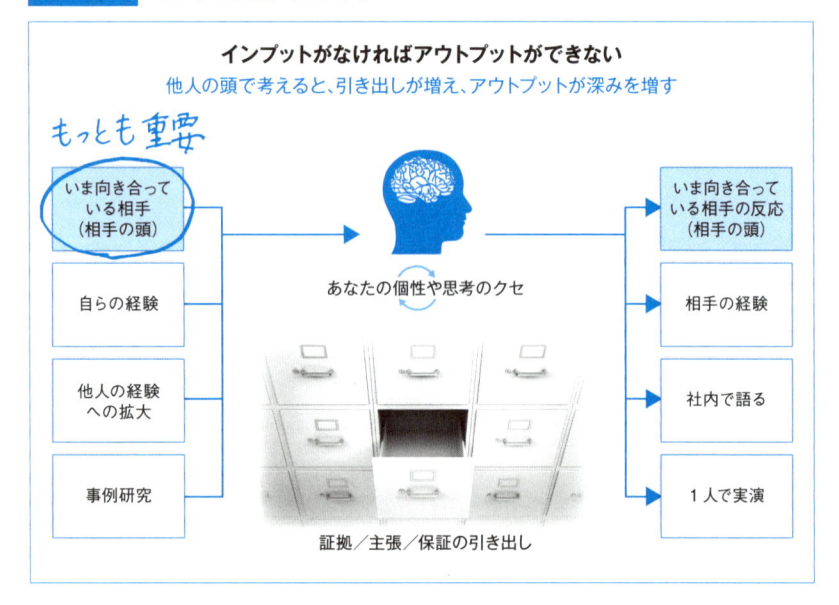

インプットがなければアウトプットができない
他人の頭で考えると、引き出しが増え、アウトプットが深みを増す

もっとも重要

- いま向き合っている相手（相手の頭）
- 自らの経験
- 他人の経験への拡大
- 事例研究

あなたの個性や思考のクセ

証拠／主張／保証の引き出し

- いま向き合っている相手の反応（相手の頭）
- 相手の経験
- 社内で語る
- 1人で実演

　自分の考え方の個性やクセがかえって邪魔になることがあります。相手の個性やクセを理解することが妨げられてしまうからです。その意味でも、相手と対話し、相手からインプットを得ることが大事なのです。

　インプットを受けて自分の頭の中で考えるプロセスを繰り返したら、次はアウトプットの作成です。chart62の右側にあるように、アウトプットの仕方にもいろいろあります。1人でプレゼンテーションをしてみる。社内の人に語ってみる。あるいは意思決定者である相手の周辺の人と議論してみる。一番効果的なのは、相手にその時点での自分の考えをぶつけて、反応をうかがうことです。相手の反応を感じ取ったら、それをインプットにしてさらに資料の質を高めていく。これも先述した「やってみなはれ」と「軌道修正」そのものです。

section 23 資料作成の出発点と着地点の誤解を解消する

出発点の誤解

ビジネスの現場で、chart63にある陥りがちな状況になることがないでしょうか。相手との打ち合わせで、相手のニーズを正しく理解した

chart 63　資料作成の出発点

常に変化する相手のニーズの全貌を正確に捉える
資料作成の出発点

	陥りがちな状況	望ましい姿
理解度	相手のニーズを正しく理解したつもり ●参加者によって理解が異なる	相手のニーズを120%正確につかんだ
全体像	相手のニーズの全体像を把握したつもり ●抜け漏れがあり、つながらない	相手のニーズの全貌をチャートに落とし込める
時間軸	相手のニーズは次の会合まで変わらないと期待してしまう ●変化に抵抗している	相手のニーズは変化する前提で、その推移を織り込んでいる
	ある一時点での相手のニーズを理解したつもりになっている	継続的に変化する相手のニーズを捉えている

コミュニケーションとは相手の変化に寄り添うこと｜第6章　145

つもりになっている。あるいは、相手の考えの全体像を正しく把握したつもりになっている。はたまた、相手のニーズは次の打ち合わせのときまで変わらないだろうと、勝手な期待をしている。そう思ってしまう背景には、相手に何度も同じ質問をしたり、何度も時間を取ってもらったりするのはよくないことだ、という間違った意識があります。

また、資料を作成するのは大変な作業ですから、できれば相手のニーズは変わらずにあってほしいと思いがちです。相手のニーズが変わると作るべき資料の中身が変わるので、そうした事態はできるだけ避けたいと考えてしまうのです。

相手との対話を避ければ、相手のニーズの変化を知ることはできません。ですから、変わらないニーズを前提にして資料を作成し続けてしまう、というよくない状況に陥ってしまいます。

望ましい資料作成の出発点は、常に変化する相手のニーズの全貌を正しく捉えることです。相手のニーズは、100%ではなく、120%正確につかむ。相手が考えていることの全貌を頭の中で描けるようになるまできちんと捉えることが必要です。また、相手のニーズは変化することを前提にして、変化を恐れずにその推移を織り込むようにします。

そのためには、相手との対話を何度も重ねて、相手の真意をきちんと理解することが大切になります。また、時間の経過に伴う相手のニーズ、ウォンツの変化も受け入れる姿勢を持つことが重要になります。

着地点の誤解

資料作成の着地点に対する誤解もあります。chart64をご覧ください。よくあるのは、相手は資料の完成品を要求しているはずだと、勝手に誤解してしまうことです。また、1枚1枚の資料が美しいキラーチャートでなくてはならない、という身勝手な思い込みもあります。さらに、相手との議論を避けたいがために、スタンスをとって主張することを恐

chart 64　資料作成の着地点

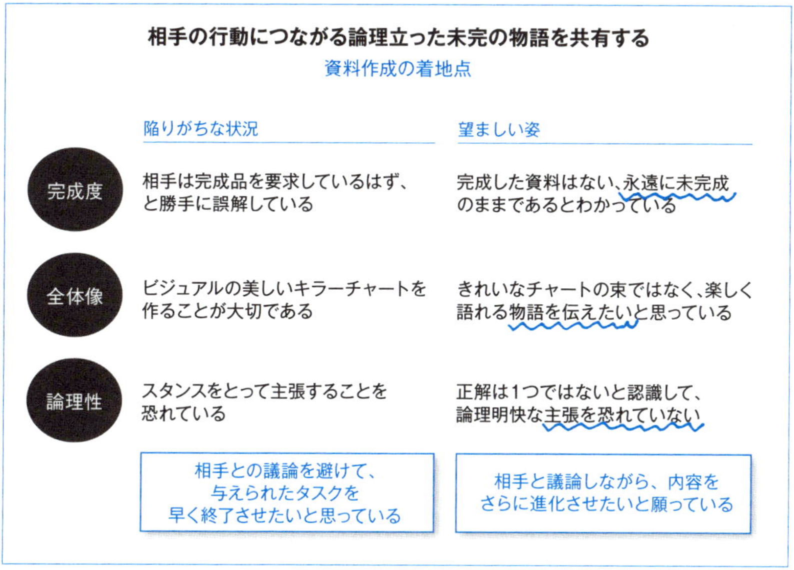

相手の行動につながる論理立った未完の物語を共有する
資料作成の着地点

	陥りがちな状況	望ましい姿
完成度	相手は完成品を要求しているはず、と勝手に誤解している	完成した資料はない、永遠に未完のままであるとわかっている
全体像	ビジュアルの美しいキラーチャートを作ることが大切である	きれいなチャートの束ではなく、楽しく語れる物語を伝えたいと思っている
論理性	スタンスをとって主張することを恐れている	正解は1つではないと認識して、論理明快な主張を恐れていない

相手との議論を避けて、与えられたタスクを早く終了させたいと思っている	相手と議論しながら、内容をさらに進化させたいと願っている

れているともいえるでしょう。

　決められた時間の中で完成された資料を作り上げたい、という意識が強く働くことはわかります。しかし、相手との議論を避けて、与えられたタスクを効率よく、早く終了させたいと願う気持ちも、そこにあるのではないでしょうか。そのような考えや行動が、これまでの資料作成を支配していたのです。

　それでは、現代の望ましい資料作成は、どのような考え、行動に基づくのでしょうか。一言でいえば、相手の行動につながる論理立った未完の物語を共有することです。

　まず、完成した資料はなく、永遠に未完成のままである、という意識が根底にあります。次に、きれいな1枚1枚の資料の束ではなく、相手に楽しく語れる物語にしたいという全体像を持っています。そして、正解は必ずしも1つではないということを十分に認識して、論理明快な主

コミュニケーションとは相手の変化に寄り添うこと｜第6章　147

張をすることを恐れません。

　このように考え、行動することの背景には、資料作成はあくまでもビジネスを成功させるためのツールであるという認識があります。それゆえ、相手と十分議論をしながら、資料の中身を少しずつ進化させていくことを重視するのです。

　これまで議論してきたように、資料を作成する側に立った従来の資料作成術は、もはや有効ではなくなっています。これからは相手の側に立って、ビジネスを成功に導くための資料作成術に変えていかなくてはなりません。

section 24 コミュニケーションは資料の枚数ではない

資料1枚でも対話する勇気が必要

　chart65を見てください。ここにあるのはたった1枚の資料です。これは私がある小売業の社長と討議するために作成したメモです。15枚の資料がなくても、文書1枚あれば社長とも十分討議ができることを知ってもらうために示しました。

　この討議メモには、相手の通販事業の現状、アジアのパートナー候補からの要望、「倉庫型トラックマーケット in アジア」という新しい提案、の3つが示されています。

　文書1枚ですから証拠は十分でないかもしれませんし、ビジュアル化されていませんが、主張は明快です。明快な主張をぶつけることで相手の反応を感じ取ることができれば、次の討議への道筋が見えてきます。このように場合によっては、たった1枚の討議資料や企画資料であっても、相手との議論が促進されることもあるのです。

資料0枚でコミュニケーションする技

　顧客との重要な会合に資料が間に合わなかったら、みなさんはどうしますか。私にもそういう経験があります。そのときは作成した資料のコ

chart 65　たった1枚の討議資料

意思決定者とのコミュニケーションは資料1枚でも十分可能
ワード文書1枚の討議メモ

2013年12月31日

株式会社 TKC 社
代表取締役社長 SKSJ 様

株式会社 itte design group
代表取締役社長　森　秀明

（手書き）恐れずに、3つのポイントを言い切る

アジアでの通販事業に関する討議メモ

1. TKC 社の通販事業
・現在、通販事業からの売上は全体の1％ほど。他社並みの5％を目標にして、早期に2.5％程度まで高めたい。（通販売上高20億円程度ということか。）
・海外での通販事業は、実店舗の出店に比べればリスクが少ない。したがって、それほど慎重にならずとも、少ない投資でできるなら実験を繰り返していきたい。
・商品マスターの翻訳は進めており、中国語対応が可能になる。
・一方、国内では倉庫改革を実施中で、埼玉の通販倉庫を取りやめ、新宿店舗からの発送に切り替える。（いつからか？）

2. アジア郵便国際貿易会社からの要望
・実験的に、TKC 社の製品を取り扱わせてもらえないか。こちらのマーケティング力や販売力を見てほしい。まずは、月1,000万円くらいの売上を目指したい。
・通販倉庫の商品を譲ってもらうことは可能か。また、店舗在庫を譲ってもらうことはできないか。日本では動きの鈍い死在庫に近い商品でも中国の消費者には受け入れられる可能性がある。
・予定では、2014年3月末には通販のネットサイトがオープンする。また、4月頃からはS都市でのリアル店舗の準備が整う。

3. 「倉庫型トラックマーケット in アジア」のご提案
・実験的に、「倉庫型トラックマーケット in アジア」を期間限定でやってみませんか。
・"made in Japan"商品のみを取り扱うB2Cマーケット。
・2014年4月から9月までの6か月間限定。S都市での実店舗での販売とネットショッピングを組み合せる。
・アジア銀行の160万人顧客データやクレジットカード会員などへの販促マーケティング手法を組み合せる。

以上

ピーに手間取り、手元に資料が届くのが遅れてしまったのです。顧客には貴重な時間を割いてもらうわけですから、会議の開始を遅らせることはできません。資料が届くまでの間はノートやホワイトボードを使い、とにかく説明を始めるのが適切なアプローチです。

chart66は、ある総合飲料メーカーでのディスカッションの手書きノートです。そのときの討議のテーマは、「新しい商品をつくり出すためにはどうしたらよいのか」というものでした。顧客がいうには、商品の改良を行うのは比較的たやすいが、新奇性の高い商品をつくるのはかなり難易度が高いということです。しかも組織の中には、創造性の高い人とそうではない人がいます。大きく分けると、新しいことを生み出すのが得意な人と、既存のビジネスに乗って着々と仕事を遂行するのが得意な人の、2つの人種がいるというのです。

このような顧客との対話をもとに、「田」の字のマトリクスを作って

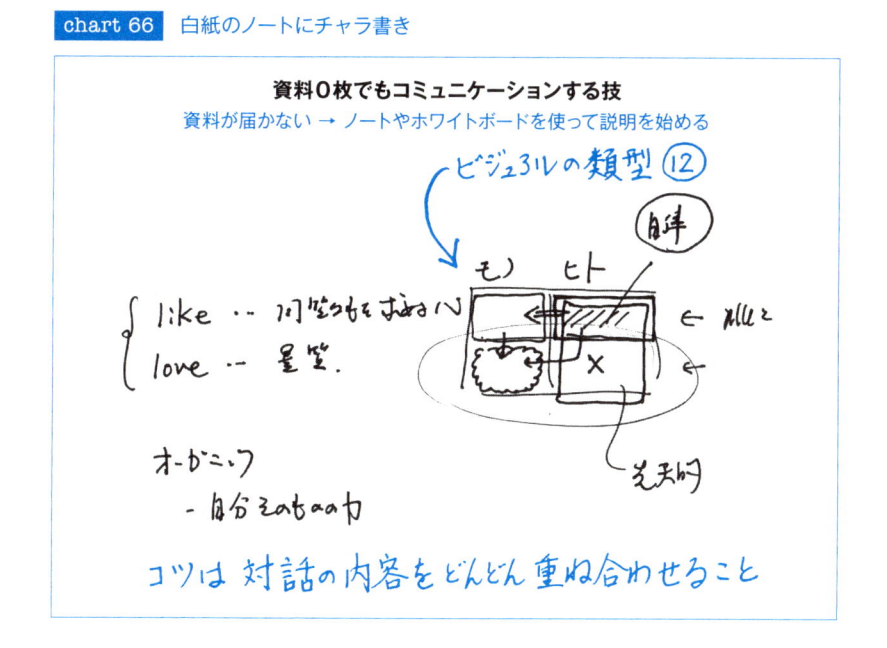

chart 66　白紙のノートにチャラ書き

資料0枚でもコミュニケーションする技
資料が届かない → ノートやホワイトボードを使って説明を始める

みました。そのとき顧客と一緒にノートに書いたのが、このチャラ書きです。横軸は商品というモノと、組織の中のヒトに区分けしました。縦軸には、ライク（like）とラブ（love）を持ってきました。ライクは同質なものを求める心、ラブは異質なものを愛する心の傾向を示しています。既存の商品を改良するのはライクに近く、新奇性の高いものを創るのはラブに近いという発想です。

　こうした簡単な図を用いて議論をしているなかで、顧客の組織にも、商品の改良が得意な人と、新奇性の高いものを創る創造力のある人がいるという話になりました。新奇性の高いものを創り上げていくには、創造力のある人が必要であり、彼らをどのように活用するかがカギである、と顧客も考えていたようです。持参した資料は0枚でしたが、とにかく、顧客との対話は楽しく、議論が白熱しました。

コミュニケーションを重ねればホン書きができあがる

　chart66のチャラ書きを受けて作成したのがchart67のホン書きです。もちろん何度かチャラ書きを作りました。
　chart67のメッセージは、将来の事業の柱をつくるためには異質な人材の生かし方が大切であるということです。横軸は、既存の延長線上でその改良品を作るのか、それとも新奇性の高いものを創造するのか、という2つの要素です。縦軸はヒトであるのか、モノやコトであるのか、という切り分けです。
　このようなマトリクスで考えてみると、組織の中では通常、同質的な人材が、オペレーションを磨きながら、既存のモノを作ることが行われています。一方で、破壊的イノベーションとなるような新奇性の高いものを創るためには、異質な人材が必要になります。
　では、どうすれば破壊的イノベーションが生まれるのかというと、それには3つの方策があります。1つめは、「作る」人が「創る」というこ

chart 67　将来の事業の柱と異質の生かし方

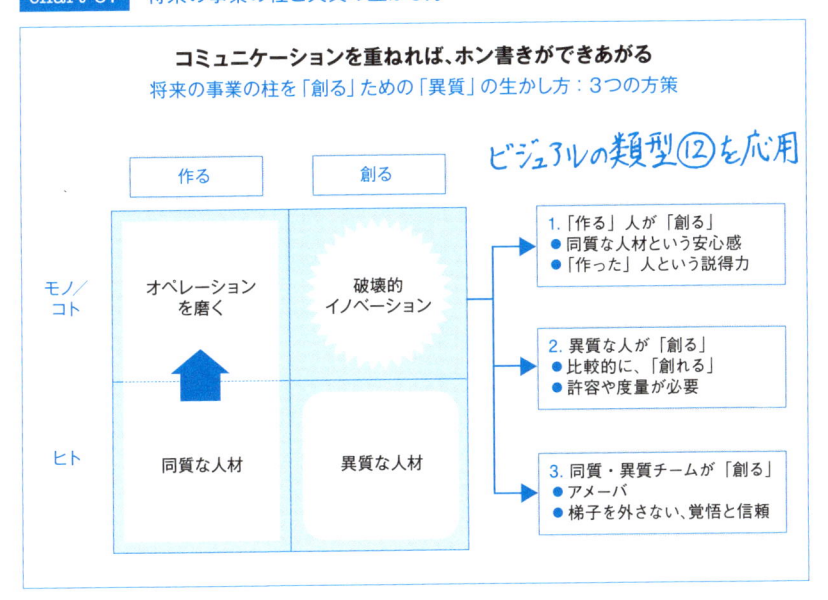

コミュニケーションを重ねれば、ホン書きができあがる
将来の事業の柱を「創る」ための「異質」の生かし方：3つの方策

ビジュアルの類型⑫を応用

	作る	創る
モノ／コト	オペレーションを磨く	破壊的イノベーション
ヒト	同質な人材	異質な人材

1. 「作る」人が「創る」
 - 同質な人材という安心感
 - 「作った」人という説得力

2. 異質な人が「創る」
 - 比較的に、「創れる」
 - 許容や度量が必要

3. 同質・異質チームが「創る」
 - アメーバ
 - 梯子を外さない、覚悟と信頼

とです。既存の組織の中で既存の商品の延長線上の商品を作ることができる人が、新しい商品の創造にチャレンジするということです。2つめは、異質な人材が新しいものを「創る」ということです。この場合には、同質的な組織の中での異質な人材の活用がポイントになります。3つめは、同質な人材と異質な人材のチームが新しいものを「創る」ということです。同質な人材がチームをうまくマネジメントし、異質な人材の才能を引き出すというアプローチです。

　いずれにしても、ちょっとしたメモ書きから、ある程度説得力のある資料が生み出されたわけです。たとえチャートが1枚もないところで顧客と討議をしても、説得力のある良い資料を作り上げることはできるのです。

　繰り返しになりますが、相手とのコミュニケーションの成否は、資料の枚数では決まりません。良質な対話が重ねられるように、場合によっ

ては資料1枚で勝負をする、あるいは0枚でも対応できる技を磨いていくことが大事です。

　資料作成術は時代に合わせて、相手の状況に合わせて進化することを求められています。顧客との対話を重ねて資料の内容を変えていく、素早く修正していくというアプローチが何よりも大切なのです。相手を説得するための資料を作っているのですから、相手とのコミュニケーションにすべてがかかっているのだと考えてください。

column　既存の要素の新しい組み合わせからアイデアは生まれる

　chart68は、アメリカ広告代理業協会の会長を歴任したジェームズ・ウェブ・ヤングの著書、『アイデアのつくり方』(1988年、阪急コミュニケーションズ)のエッセンスを、1枚の資料にまとめたものです。この資料では、連鎖論法(ビジュアルの類型⑥)を使っています。

　同書はアイデアの生み出し方について説く優れた本の1つです。アイデアのつくり方について、これ以上の文献はないかもしれないと思わせるほどすばらしい内容です。

　彼の主張は、アイデアは既存の要素の新しい組み合わせから生まれる、それ以外の何ものでもない、ということです。そして、既存の要素を新しい組み合わせに導く才能は、物事の関連性を見つけ出す才能に依存するといっています。したがってアイデアを生み出すためには、事実と事実の間の関連性を探ろうとする心の習性が大切になります。そして相手

chart 68　アイデアのつくつくり方

新しいアイデアは、既存の要素の新しい組み合わせから生まれる

第1段階	第2段階	第3段階	第4段階	第5段階
資料を収集する(カードやファイル)	資料を咀嚼する(頭脳の中)(カード)	孵化させる(無意識と意識)	誕生する(突然)	具体化し展開する(現実の世界)
特殊資料 一般資料 ●人生とこの世の多種多様な出来事についての知識	1つ1つの資料を触ってみる ●横目で眺める 2つの事実を一緒に並べてみる	問題を意識の外に移し、無意識下での働きにまかせる 想像力や感情を刺激するものに心を移す ●散歩 ●音楽、映画、詩	アイデア到来の瞬間がやってくる ●朝まだ目がさめきっていないとき ●お風呂に入っているとき ●顔を洗っているとき	現実の過酷な条件や世知辛さに適合させる 理解ある人たちの批判を仰ぐ
万華鏡の中の色ガラスの小片の収集	ジグソーパズルを組み合わせる努力	ホームズが事件の捜査を中断	ニュートンが田舎道を散歩しながら発見	アイデアに手を貸してくれる人の登場

アイデアとは既存の要素の新しい組み合わせ(以外の何ものでもない)
●既存の要素を新しい1つの組み合わせに導く才能は、物事の関連性を見つけ出す才能に依存する(ところが大きい)
●アイデアづくりには、事実と事実の間の関連性を探ろうとする心の習性が大切

ジェームス・ウェブ・ヤング、『アイデアのつくり方』阪急コミュニケーションズ、1988。

に新しい考えを伝えるには、既存の要素を数多くインプットして、新しい組み合わせを実験してみることが大事なのです。

　ヤングによると、アイデアのつくり方は5つの段階を経ます。第1段階は資料の収集です。そして集めた資料を頭の中に入れたり、カードに書くなどして咀嚼します。次いで、意識と無意識の間でそれを孵化していきます。すると新しいアイデアが突然降ってくるのです。そのアイデアを具現化し、展開するのが最後の段階です。現実の世界は、過酷な条件があったり、世知辛かったりするものです。その世界に適応できるかどうか、繰り返し試してみることが必要だと結論づけています。

　このchart68をchart62（p.144）と見比べると、面白い共通点があることがわかります。

　そのポイントは3つです。1つめは、多くの情報をインプットすることです。とくに相手の頭の中にある情報をもらってくることが大切です。2つめは、インプットした多くの情報を孵化するまで咀嚼することです。言い換えれば、情報を頭に入れて寝かせておくのです。3つめは、突然生まれた新しい考え方が相手に符合するのかどうか、相手にぶつけて反応を見ることです。相手の反応を感じ取り、符合しないようであればもう一度新しいやり方でやってみる、といった試行錯誤の繰り返しが必要なのです。

　このように、いま求められる資料作成術にも、アイデアのつくり方と重なるところが多くあります。すなわち、多くの情報をインプットして、その蓄積を既存の要素として新たに組み合わせてみることで、新しいアイデアや強い説得力を持つ資料が生まれてくるのです。

[著者]

森 秀明（もり・しゅうめい）
itte design group Inc. 社長兼CEO。
一橋大学経済学部卒、慶應義塾大学大学院修了。ボストン コンサルティング グループ、ブーズ・アレン・ハミルトンなどの外資系コンサルティング会社を経て現職。経営者や事業の責任者が抱える戦略や業務、組織の課題解決を支援している。これまでに総計100案件40億円以上のプロジェクトを実施。WE HELP COMPANIES CREATE THEIR FUTURE STORIES. がミッション。

外資系コンサルの資料作成術
──短時間で強烈な説得力を生み出すフレームワーク

2014年2月20日　第1刷発行
2025年1月29日　第8刷発行

著　者――森 秀明
発行所――ダイヤモンド社
　　　　　〒150-8409　東京都渋谷区神宮前6-12-17
　　　　　https://www.diamond.co.jp/
　　　　　電話／03・5778・7233（編集）　03・5778・7240（販売）
装丁――――デザインワークショップジン
本文デザイン―dig
製作進行――ダイヤモンド・グラフィック社
印刷――――堀内印刷所（本文）・新藤慶昌堂（カバー）
製本――――ブックアート
編集担当――木山政行

©2014 Shumei Mori
ISBN 978-4-478-02572-7
落丁・乱丁本はお手数ですが小社営業局宛にお送りください。送料小社負担にてお取替えいたします。但し、古書店で購入されたものについてはお取替えできません。
無断転載・複製を禁ず
Printed in Japan

◆ダイヤモンド社の本◆

世界最大の研修機関の
公式テキスト！

ピーター・ドラッカーが50年以上にわたり支援したビジネススクールでは教えない現場主義のマネジメント。90年におよぶノウハウを凝縮。

アメリカの「管理職の基本」を学ぶ
マネジメントの教科書
成果を生み出す人間関係のスキル
エドワード・T・ライリー［編］ 渡部典子［訳］

●A5判並製●定価（本体1800円＋税）

http://www.diamond.co.jp/

◆ダイヤモンド社の本◆

あなたも一瞬で答えが出せる！

「２ケタ×２ケタ」の計算は２秒でできる！　誤差の小さい、かけ算・割り算の「ざっくり計算法」、計算ミスを指摘する必殺技「九去法」、値引きとポイント還元どちらがトクかを見抜く方法、自社製品の展示会で来場者数を瞬時に予測する方法　納期まであと何日かをカレンダーを見ずに答える方法　売上増加率を「割合計算」で一目で判断する方法などを紹介。

ビジネスで差がつく計算力の鍛え方
「アイツは数字に強い」と言われる34のテクニック
小杉拓也 ［著］

●四六判並製●定価（本体1300円＋税）

http://www.diamond.co.jp/

◆ダイヤモンド社の本◆

基本のフレームワークは、こうすれば使える武器になる！

3C、5つの力、バリューチェーン、差別化、集中戦略……MBAの人気講座の重要ポイントをミドルリーダーの行動を通じて理解

ストーリーで学ぶ戦略思考入門
仕事にすぐ活かせる10のフレームワーク
グロービス経営大学院 ［著］ 荒木博行 ［執筆］

●四六判並製●定価（本体1500円＋税）

http://www.diamond.co.jp/